邮票图说

中国航空史话

宋绪纶 编著

科学普及出版社
·北 京·

图书在版编目（CIP）数据

邮票图说．中国航空史话／宋绪纶编著．—北京：
科学普及出版社，2013.2
ISBN 978-7-110-08065-8

Ⅰ．①邮… Ⅱ．①宋… Ⅲ．①邮票－世界－图集
②航空－技术史－中国－图集 Ⅳ．① G894.1-64②V2-092

中国版本图书馆 CIP 数据核字（2013）第 012690 号

策划编辑	吕建华 许 英
责任编辑	许 英 包明明
责任校对	孟华英
责任印制	王 沛
装帧设计	中文天地

出版发行	科学普及出版社
地 址	北京市海淀区中关村南大街16号
邮 编	100081
发行电话	010-62173865
传 真	010-62179148
网 址	http://www.cspbooks.com.cn

开 本	787mm×1092mm 1/16
字 数	224千字
印 张	14
印 数	1-3000册
版 次	2013年4月第1版
印 次	2013年4月第1次印刷
印 刷	北京凯鑫彩色印刷有限公司
书 号	ISBN 978-7-110-08065-8/G·3402
定 价	55.00元

前言

　　翻开中国航空的历史画卷，是一部由灿若星辰的古代航空、艰难坎坷的近代航空和突飞猛进的现代航空组成的壮丽篇章。中国有着几千年的古代文明史，在多个领域、多个方面做出了领先世界的辉煌成就，风筝、竹蜻蜓、孔明灯……这些现代飞机、直升机、气球的祖先都源自中国，但遗憾的是数千年来并没有形成系统的航空科学技术，这与中国"重文轻技"的传统思想不无关系；中国近代航空，在国家分裂、军阀混战和列强欺辱的大背景下，道路坎坷、艰难曲折，有限的作为也都是战争推动的结果并且直接应用于战争；1949年新中国成立以后，中国航空迎来了真正的春天，不仅在建国之初人民空军雏鹰展翅能够御敌于国门之外，而且迅速建立起了自己的航空工业体系和国防航空力量。20世纪70年代末我国实行改革开放政策以来，航空事业插上腾飞的翅膀，取得的巨大成就，引起世界瞩目。以"邮票图说"的形式，将中国航空波澜壮阔的历史展现给读者，可谓是科学普及出版社的一大创新。

　　这是一部通过航空邮品"图说"中国航空历史的科普读物。作为从事航空事业40余年，又以集邮作为业余爱好的笔者，能够以邮票图说的形式，解说中国航空发展的历史是多年夙愿。由笔者编写的《邮票图说世界航空史话》，于2009年4月由科学普及出版社出版，发行以来受到了广大读者的欢迎和好评，短短2年时间里已经

YOUPIAO TUSHUO ZHONGGUO HANGKONG SHIHUA

连续 2 次再版加印，在 2011 年亚洲集邮展览上还获得集邮文献类大银奖。这些无疑使我原本就筹划编写本书的愿望更加迫切。

在《邮票图说世界航空史话》中，中国航空部分仅以一章加以简述。这一方面是由于中国航空发展历史的特殊性所决定，另一方面也是当时没有充足的邮品能够全面"图说"中国的航空历史。如今，本书能够完成还得益于近几年有关部门陆续发行了大量中国航空题材的邮品。这也从一个侧面说明中国航空事业的蓬勃发展提高了自身地位，引起了社会的广泛关注，也引起邮政等相关部门的高度重视，中国邮政集团、中国航空工业集团、空军及中国航空博物馆发挥了重要作用。中国航空百年系列纪念活动、历次珠海航空航天博览会、北京 2009'国际航空集邮展览以及中国航空博物馆邮政所的成立为相关邮品提供了绝好的发行契机和有效平台，期间发行的航空邮票、邮资封、邮资片以及纪念封、册等，成为回顾纪念中国航空、宣传普及中国航空的珍贵资料，广受社会欢迎和追捧，也成为本书的好素材，从而笔者才能得以完整"图说"中国航空发展的全面历史。在这些邮品的发行期间，笔者也乐此不疲参与其中，或参与策划，或参与设计，或编辑文字，以及给邮友实寄……经常是奔波劳碌，并乐在其中，每每为中国航空历史在邮品上得以展示而欣慰。

笔者以尊重历史和学习研究的态度，以对中国航空前辈虔敬的心情编写此书，主要参考文献是刘亚洲、姚峻主编《中国航空史》第 2 版、姜长英著《中国航空史 史话·史料·史稿》等著作，广泛收集邮品，严谨据实考证贯穿编写全过程，但是由于水平所限，难免出现差错，衷心欢迎广大读者以及业内专家指正。

因篇幅所限，航空体育和中国台湾航空从略。

现在，笔者能够将《邮票图说中国航空史话》一书奉献给广大读者，由衷感谢所有为出版发行中国航空邮品辛勤工作的人们，感谢科学普及出版社许英副总编及林轩主编的支持和鼓励，感谢中国航空博物馆以及北京昌平邮政的朋友们的辛勤工作。

编者　宋绪纶

2012 年 12 月于北京

目录

古代航空　源远流长

　　1873 年 6 月 5 日，法国蒙哥尔菲兄弟的载人热气球在巴黎广场升空，人类实现了千百年来飞上蓝天的梦想。1903 年 12 月 17 日，莱特兄弟发明的飞机成功飞行，开辟了人类的航空时代。(图 1.1，匈牙利，法国蒙哥尔菲兄弟及载人热气球；图 1.2，以色列，美国莱特兄弟及飞行者号飞机、发动机)

图 1.1

　　虽然载人航空的历史只有 200 多年，动力载人航空只有 100 多年，但是飞上蓝天的向往可以说是与人类的历史一样悠久。中国是世界文明古国，对人类文明有过重大贡献，中国古代的航空发明对世界航空领域也产生过重大影响。

1. 嫦娥奔月——升天的传说

图 1.2

　　神话传说虽然无据可考，但却流传数千年，它反映了古代人们飞上蓝天的期盼。嫦娥奔月的故事在我国几乎家喻户晓，它就是古人朴素的向往飞行思想的例证。传说唐尧时期，天空出现了十个太阳，江河湖海被晒干了，草木庄稼枯死了。帝尧请出半人半神的射箭能手后羿射下了九个太阳，西王母赏赐后羿长生不老仙药，并告诉他："这仙药如果两人分吃，可以长生不老；如果一个人吃了，就能飞升上天。"嫦娥得知吃了仙药可以上

图 1.3

图 1.4

天，她就趁着月光一个人偷吃了仙药。吞下了仙药的嫦娥顿时觉得身轻如烟，不由自主地飘飘然飞升起来，直飞到月宫，从此再也不能回到人间。嫦娥奔月的神话反映了人们飞升上天的渴望（图 1.3，中国，古代神话——嫦娥奔月；图 1.4，中国，汉画像石——嫦娥奔月画像）。

2. 飞天壁画——飞天的遐想

世界著名的敦煌莫高窟壁画是中国古代宗教的思想反映，其中众多的飞天壁画形象反映了古代人们飞翔蓝天的憧憬。我国发行的特 3《伟大的祖国》邮票，取材于盛唐时期莫高窟第 320 窟说法图，图为两个散花飞天女神。飞天，又名香音神，是歌舞散花之神（图 1.5）。《敦煌壁画》第五组邮票是盛唐时期敦煌莫高窟第 39 窟内西壁龛顶绘画中的五位散花飞天之一（图 1.6）。1990 年发行的《敦煌壁画》第 3 组邮票，取自敦煌莫高窟第 206 窟佛龛顶部壁画，是隋代中期的代表作（图 1.7）。由此也可以看出飞天形象在我国源远流长。

图 1.5

图 1.6

图 1.7

3. 松脂灯——最早的热气球

松脂灯是人类已知最早试飞成功的热气球。对于热空气能够上升的认知，在中国宋代以前的古籍中就有记载。在福建闽西北农村一直有放飞松脂灯的习

俗。这种用竹和纸制成的方形或圆形
灯笼，下部底盘上燃松脂油用以加热
灯内的空气，随着空气被加热膨胀比
重变小，产生浮力，使得松脂灯扶摇
直上。据当地传说，这是为了纪念五
代时期（公元907—960年）莘七娘的
机智和英勇。相传莘七娘随夫出征入

图1.8

闽作战，曾用松脂灯升空作为军事通信的信号（图
1.8，中国，莘七娘放飞松脂灯）。今天，热气球仍
然在全世界广泛应用，其利用热空气产生的浮力升
空的原理与松脂灯完全一样。（图1.9，立陶宛，热
气球飞行表演）类似燃放松脂灯的习俗在我国数个

图1.9

省区流行。在四川燃放的这种灯，相传是三国时期蜀国丞相诸葛亮发明，所以
又被称为孔明灯。有些地方松脂灯被称为飞灯、天灯、飏灯、云灯、云球等，
别名之多足见其流传地域的广泛和时间的久远。

4．风筝——飞机的始祖

飞机属固定翼飞行器，风筝是飞机的始祖。在我国现存的公元前2世纪
的古籍中，已经有关于人们放风筝的记载了。相传公元前
200年前后楚汉相争时期，大将韩信出于军事目的发明了风
筝。（图1.10，中国，风筝发明家韩信；图1.11，中国，清
明节放风筝及风筝
纪念邮戳）

唐代以前，风
筝以丝、绸、竹为
原料，因此造价
高、数量少，多以
军事为目的，由官

图1.10

图1.11

图 1.12   图 1.13

方制造。到了宋代，随着造纸术的广泛应用，大量出现以竹为骨架糊纸制成的风筝，被称为纸鸢或风鸢。从此风筝逐渐风行民间，成了下至孩童上至老叟的民间流行玩具。后来风筝上开始出现灯、弦、笛等发光、发声的附加物。正是由于风筝上安装了弓弦，在空气动力作用下能像筝一样发出声音，才有了现在的名字——风筝。（图 1.12、图 1.13，中国，双燕风筝、儿童放风筝）

5. "竹蜻蜓"——直升机的原型

公元前 2000 年的夏禹时代，我国已经有了靠手动搧风纳凉的扇子。到了汉代出现了靠人力转动的轮式风扇，后来出现了儿童玩具风车和竹蜻蜓。（图 1.14，中国，儿童在玩风车；图 1.15，中国，玩具风车；图 1.16，中国台湾，儿童在玩竹蜻蜓）

图 1.14

同样是儿童玩具，玩具风车和竹蜻蜓的原理却不同。玩具风车是靠风力（空气动力）驱动而旋转；而竹蜻蜓是靠孩童的双手（人力）驱动旋转，产生向上的拉力而升空。竹蜻蜓借助一双小手一搓，扶摇直上，成为一个原始的航空器。小小的竹蜻蜓正是现代直升机的原型。竹蜻蜓叶片形状、剖面形状以及飞升原理与现代直升机旋翼、飞机螺旋桨都是一样的。

随着西方传教士来华，早在十八世纪竹蜻蜓就传到了欧洲，当时法国科学院还举办过竹蜻蜓的飞行表演。被誉为英国航空之父的凯利，终生对竹蜻蜓着迷，他的航空理论显然受到了竹蜻蜓的启示。（图 1.17，柬埔寨，1784 年的垂

图 1.15

图 1.16

图 1.17

图 1.18

图 1.19

直飞行模型；图 1.18，转动的飞机螺旋桨；图 1.19，柬埔寨，凯利在 1840 年设计的直升机）

在中国民间广泛流传的走马灯，已经有 1000 多年历史了。它是利用热空气上升产生的动力驱动"马"转动。它是现代航空发动机燃气涡轮的最初模型。（图 1.20，密克罗尼西亚，中国的走马灯；图 1.21，新喀里多尼亚）

图 1.20

图 1.21

6. "木鸟"——飞行器的尝试

渴望飞上蓝天的古代人，由衷羡慕天上的飞鸟，他们模仿飞鸟尝试着制作原始的飞行器。我国古籍中有不少关于飞行木鸟的记载，木鸟也称为"木鹊"、"木鸢"、"木鹄"。春秋时期，鲁国人公输般（即鲁班）是个能工巧匠，技艺高超，后来被尊为我国古代土木工匠的"祖师"。据《墨子·鲁问篇》记载，鲁班用木料和竹片制作出了能飞的木鸟——"木鹊"，"公输子制竹木为鹊，成而飞之，三日不下"。传说东汉著名科学家张衡也曾制造过会飞的木鸟。《太平御览》载："张衡尝作木鸟，假以羽翮，腹中施机，能飞数里"。这些或许被夸大，但是完全能够说明中国古代曾经进行过扑翼机的发明尝试。（图 1.22，土耳其，从飞鸟到飞机；图 1.23，中国，制造会飞木鸟的鲁班；图 1.24，邮票小全张，古代科学家张衡）。

图 1.22

图 1.23

图 1.24

7. 斗笠——原始的降落伞

据《史记》记载，中国的古代帝王舜，为了躲避杀身之祸，双手各持一个大斗笠从燃起大火的粮仓顶上跳下，安全落地逃生。双手执斗笠从高空而降，实际上是利用空气阻力以降低人体坠落速度，进而减少人体落地时的冲击力，这正是现代降落伞的原理。因此，舜被西方航空界视为航空第一人。（图 1.25，中国，航空跳伞运动；图 1.26，菲律宾，"二战"中的空降伞兵）

图 1.25

图 1.26

8. "二踢脚"——现代火箭的始祖

火药是中国古代的四大发明之一。火药被广泛应用于军事，使得战争从冷兵器时代升级到热兵器时代。自从发明了火药以后，聪明的古代先人将火药用于弓箭箭矢以增大射程，从而发明了尾部带有火药助推器的古代火箭。中国明朝民族英雄戚继光（1628—1587年），曾用火箭抗击从海上入侵的倭寇。其火

箭二三尺长，可以直接射杀敌人，又可以射中目标引起燃烧，是有效的作战利器。（图 1.27，中国，敦煌壁画狩猎；图 1.28，海地，中国古代发明火药；图

图 1.27　　　　　图 1.28　　　　　图 1.29

1.29，中国，古代名将戚继光）

爆竹是火药在民间的应用。其中有一种俗称"二踢脚"、又名"高升炮"的爆竹（图 1.30，中国，民俗春节 - 燃放鞭炮），它的内部火药分成两部分，燃放时下部火药燃烧产生燃气向下喷射，在反作用力下爆竹被推升到一定高度，随后自动点燃上部的火药使爆竹爆炸。从原理到结构，"二踢脚"都是现代火箭的原型。

图 1.30

万户飞天的故事，讲述的是 14 世纪明朝的一个官员（万户是他的官级和封号）为了实现自己的飞天梦想，坐在绑有 47 支火箭的椅子上，双手还各举着一个大的扇面，想飞向天空。不幸点燃后火箭爆炸，万户为此献出了生命。万户被视为人类利用火箭向天空搏击的第一个英雄、"真正的航天始祖"，为了纪念他，世界科学界将月球上的一座环形山命名为"万户"山。（图 1.31，贝宁，中国万户飞天）

图 1.31

9. 箭羽——空气动力的早期应用

图 1.32

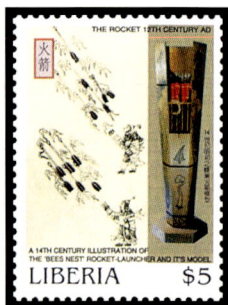
图 1.33

中国古代射箭的箭羽是为了箭矢在运动中平衡箭杆以保持前进方向，从而提高命中率，作用与现代飞机、火箭上舵面相同。它是人类应用空气动力以稳定飞行器的最早范例之一。（图 1.32，中国，国际空间年图案为中国古代箭羽示意图；图 1.33，利比里亚，中国古代的火箭）

10. 万向支架——原始的航空陀螺平台

航空陀螺仪是现代飞机上的重要航行姿态仪表，其中的核心部件万向支架的原型在中国古代早已出现。大到测量天体运行的浑仪、简仪，小到民间用来取暖的"卧褥香炉"，它们其中的支架与现代航空陀螺仪万向支架如出一辙。（图 1.34，中国，明代测量天体运行的仪器 – 浑仪；图 1.35，中国纪念戳，简仪；图 1.36，密克罗尼西亚，中国的赤道浑天仪）

图 1.34

图 1.35

图 1.36

11. 指南针——航向仪表的始祖

指南针是中国古代的四大发明之一。指南针的始祖古人称为"司南"，它是用天然磁石制成，大约出现在战国时期。东汉王充在《论衡》中对司南的形状和用法做了明确的记录。南宋时有了关于罗经盘最早的文献记载，这已经是实用的仪器了。指南针辗转传入欧洲后，在航海大发现中发挥出不可替代的作用。至今磁罗盘仍然是现代航空器方向指示的重要辅助仪表。（图1.37，中国，古代发明司南；图1.38，海地，中国的司南和罗盘；图1.39，密克罗尼西亚，中国的堪舆罗盘）

中国古代与航空有关的发明创造，对世界航空科学技术的发展产生了重要而深远的影响，也让我们这些炎黄子孙的后代无比崇敬，倍感自豪。

图 1.37

图 1.38

图 1.39

二

清末民初　航空萌芽

1. 近代航空知识的传入

　　中国古代航空科技曾经走在世界前列，但是长期的封建社会制度严重制约了中国社会经济和科学技术的发展，几千年来并没有发展成为系统的航空科学理论。而与此同时，西方经历了资产阶级革命和产业革命，促进了社会进步和包括航空科技在内的科学技术的大发展，航空理论和航空器的探索研究不断进步，成果不断涌现。

图 2.1

　　1783 年 10 月 15 日，法国罗齐尔和达兰德斯乘坐蒙哥尔菲兄弟制作的热气球在巴黎十六区成功升空，实现了热气球载人飞上蓝天的梦想。（图 2.1，朝鲜，蒙哥尔菲兄弟和他们的热气球；图 2.2，法国，罗齐尔；图 2.3，圣多美与普林西比，准备升空的蒙哥尔菲热气球）

图 2.2

图 2.3

　　1852 年 9 月 24 日，法国工程师吉法尔驾驶他研制的蒸汽动力飞艇成功飞行 28 千米，人类

第一次实现了有动力的飞行。（图2.4，古巴，吉法尔和他的蒸汽机飞艇）

图 2.4

德国齐伯林让飞艇走向实用和成熟，他采用内燃机作为飞艇动力，使用金属骨架以保持飞艇良好的空气动力外形，经过不断改进，终于使飞艇成为两次世界大战之间成功的商用飞行器，开通了欧洲各国以及欧洲至美洲之间的定期空中运输航线，走在了飞机的前头，成就了飞艇的黄金时代。（图2.5，德国，齐伯林和他的飞艇；图2.6，美国，"齐伯林伯爵"号飞艇航行在大西洋上空）

图 2.5

图 2.6

第一位以科学方法研究飞行的人是意大利的达·芬奇。他以科学的视角研究鸟类的飞行，设计过扑翼机、降落伞和直升机，被世人尊为世界航空科学泰斗（图2.7，意大利，达·芬奇）。19世纪初，英国人凯利潜心研究航空理论，提出了利用固定机翼产生升力，以及利用不同的翼面控制和推进飞机的设计概念，首先揭示了动力飞行的基本原理（图2.8，摩纳哥，英国航空先驱凯利）。从1891年起，德国人李林达尔利用自己研制的滑翔机进行2000多次飞行试验，取得了大量数据，总结了飞行规律，以生命为代价为固定翼飞行开辟了道路。（图2.9，德国，李林达尔）

图 2.7

图 2.8

图 2.9

图 2.10

图 2.11   图 2.12

在这些航空史上具有里程碑意义的研究成果基础上，1903 年 12 月 17 日，美国莱特兄弟威尔伯和奥维尔成功研制出安装内燃发动机和螺旋桨的飞机"飞行者"号，在基蒂·霍克成功进行了有动力的持续载人飞行，从而开辟了人类航空事业的新纪元。（图 2.10，美国，莱特兄弟飞行百年纪念；图 2.11，圣文森特，莱特兄弟和他们的飞机；图 2.12，以色列，莱特兄弟及"飞行者"号飞机、发动机 ）

正当西方翻开航空科技新篇章之时，中国自明朝永乐年以来的"禁海政策"已经延续了 400 多年，西方先进的科学技术被挡在国门之外。1840 年的鸦片战争，英国用坚船利炮打开了中国闭锁的国门，帝国主义对中国进行军事、政治、经济疯狂侵略的同时，西方近代航空科技知识也相继传入国内。1855 年以来，上海、北京的出版物开始出现翻译的航空科幻小说以及介绍热气球、飞艇、飞机的著作。

1870 年普法战争中，法国巴黎被普鲁士军队围困。巴黎城内向外释放了 66 个热气球以传递信息、运送要员（图 2.13，法国，被围困的巴黎施放热气球；图

图 2.13   图 2.14

2.14，法国热气球邮件，巴黎被围困期间由热气球带出的信件）。在1885年的中法战争中，法国军队也使用了热气球，这是近代气球的实体首次在中国出现。1887年，天津武备学堂买了一支法军用过的热气球，由教习毕蘅芳进行了成功仿制。

1904年日俄战争在中国领土上爆发，双方都使用了热气球。1905年，湖广总督张之洞从日本购买"山田"式热气球2个，准备用于军事侦察和指挥。1908年清政府湖北陆军第8镇、江苏陆军第9镇、直隶陆军第4镇热气球队相继成立，各拥有"山田"式热气球1个。当年10月，第8镇、第9镇在江苏太湖地区举行秋操（演习），热气球队参加了这次军事活动，这是中国军队第一次使用航空器。与此同时，陆军大学还编印了一本《气球学》讲义。1912年8月，由宋教仁介绍，武昌都督府购来日本军用飞艇一具。由留法归来的潘世忠在南湖安装试验，因大风骤起吹倒飞艇厂棚，气囊破裂而告终。

外国人在中国的飞行活动是航空知识在中国大众中传播的又一渠道。1911年3月18日，比利时飞行家查尔斯·温德邦（Charles Van Den Born 1874～1958年）驾驶"费文"型双翼飞机在香港新界沙田进行了飞行表演，这是外国飞机第一次在香港进行飞行表演。4月8日，查尔斯·温德邦又驾机在广州东郊燕塘村外再次进行飞行表演。他所驾驶的飞机是"法尔芒"Ⅳ型（又译"法曼"）双翼飞机，飞机由后置的发动机驱动前进。（图2.15，中国香港，小全张，左为悬挂在香港国际机场展览大厅上的法尔芒飞机仿制品、右为查尔斯·温德邦在沙田驾机飞行表演；图2.16，法国，法尔芒及飞行中的法尔芒飞机；图2.17，英属马恩岛，法尔芒飞机）。

图2.15

1911年1月10日，法国飞行家环龙（Rene Vallon）携带2

图2.16

图2.17

图 2.18   图 2.19   图 2.20

架法国飞机来上海表演飞行。1 架是法制"桑麻"（又译"索默"）型双翼飞机，另一架为法制布莱里奥型（Bieriot）单翼机（图 2.18，印度，法制，"桑麻"型飞机；图 2.19，罗马尼亚，飞行家布莱里奥及其单翼机；图 2.20，法国，曾经飞越英吉利海峡的布莱里奥飞机）。1 月 25 日，环龙驾驶"桑麻"型双翼飞机在上海江湾华商跑马场上空进行首次飞行表演。5 月 6 日，在江湾与泥城桥之间进行往返飞行表演时，环龙不幸因飞机失速坠落遇难。

1912 年 10 月，俄国人柯明斯基驾驶一架"勃里特"式单翼飞机在北京东交民巷使馆区与北京大饭店之间空地上进行了飞行表演。美国女飞行员凯瑟琳·史汀逊也相继在北京、上海等地驾机表演。1912 年 11 月 11 日，俄国飞行家在沈阳小西门里屠兽场附近进行试验飞行。

这些在中国的飞行活动多为商业目的，但是客观上起到了宣传和普及航空知识的作用，在中国官方以致民间都产生广泛而深远的影响。

2. 中国飞艇第一人——谢缵泰

1887 年，旅居澳大利亚悉尼的华侨谢缵泰，中学毕业后随父到香港皇仁书院学习，期间与孙中山结识加入同盟会。1894 年，谢缵泰得到西方研制飞艇的信息，开始潜心研究，于 1899 年研究设计出电动飞艇"中国"号，这是中国人最早设计的飞艇。该飞艇设计思想先进，飞艇以金属铝为主要材料，艇身悬挂在气囊下面，艇艄有电动驱动的螺旋桨以产生向前的拉力。艇身上还安装 3 个水平螺旋桨，以控制飞艇升降。为减少阻力没有采用舵面控制方向，而是设置了藏于艇内的靠电动机伸缩的钢翼，当需要时操纵钢翼伸出达到改变姿态和方向的目的。设计完成以后，飞艇制造工程浩大经费无着，因为没有得到清政府的支持，无奈只好将图纸寄给了英国航空工程专家马克沁。其精巧的设计受到马克沁高度评价，并在航空界杂志上发表，受到西方的赞赏。（图2.21，中国，谢瓒泰和"中国"号飞艇）

图 2.21

中日甲午战争中国的失败，令远在大洋彼岸的旅美华侨余焜和痛心疾首，深感落后就要挨打，同时看到飞艇的重要作用："世界机器之最大用，可为国家之富强者莫如飞船"。余焜和拟定了发展中国飞艇事业的建议，呈送正在美国考察的清朝"五大臣"，但是没有结果。1907年8月，余焜和返回祖国，直接向清政府陈述中国发展飞艇事业的重要性和具体建议，也没有得到支持和准许。余焜和愤愤回到美国，自筹资金制造飞艇，终于在1910年初制成了一艘约4米长的小型飞艇。这是中国人制造的第一艘飞艇。

3. 中国航空之父——冯如

1909年9月21日，旅美华侨冯如在美国奥克兰市派得蒙特山附近一块平坦的空地上，驾驶自己设计制造的双翼单发螺旋桨飞机试飞，取得了飞行高度4.6米、飞行距离805米的成绩。这是中国人首次驾驶自制飞机飞上蓝天，实现了中国人几千年的蓝天飞翔梦想（图2.22，中国，冯如；图2.23，塞拉利昂，冯如在美国驾机飞行）。

9月23日，美国《旧金山观察者报》在头版位置刊登了冯如的照片和他制造的飞机，并以《东方的莱特在飞翔》为标题报道了试飞经过"天才的中国人冯如自己制造飞机，并装上自制的发动机进行试飞"、并给予高度评价"在航空领域，中国人把白人抛在后面"。当日，美

图 2.22

图 2.23

YOUPIAO TUSHUO ZHONGGUO HANGKONG SHIHUA

国《加利福尼亚美国人民报》发表了《中国人的航空技术超过了西方》的报道文章。

　　冯如，原名冯九如，1884年1月12日生于广东恩平。12岁跟随亲戚远赴美国谋生。先后在旧金山和纽约半工半读。经过10余年的刻苦钻研，掌握了机械工艺和电气技术。1903年美国莱特兄弟飞行成功对冯如影响很大，他表示："吾闻军用利器，莫飞机若，誓必身为之倡，成一绝技以归飨祖国，苟无成，毋宁死。"1908年5月，冯如与好友4人筹资1000美元，租赁奥克兰市东9街359号，建立了自己的工厂研制飞机。由于资金匮乏，缺少必要的机器设备，飞机大部分部件依靠简单的工具和手工操作来完成，试制飞机多次失败，期间工厂曾毁于大火。但是，冯如毫不退缩，经过反复试验终于获得成功，在当地引起了极大反响，为中国人争了光。（图2.24、图2.25，中国，冯如在家乡、"冯如2号"飞机三面图）

图 2.24

图 2.25

图 2.26

　　1911年初，冯如又制造了第2架飞机，仍然是双翼螺旋桨飞机，但是安装了自制的液冷式发动机，功率有所提高。1911年1月18日早上，冯如驾驶他的"冯如2号"飞机，在奥克兰市公开试飞。飞机在地面滑行了约30.5米，即凌空而上，升至约12米高，环绕广场飞行了约1600米后，向三藩市海湾方向飞去，飞越奥克兰郊区的田野，然后返回徐徐降落在起飞的广场上。这是一次完全成功的飞行。冯如的助手们和在场观众一齐拥上去向他表示祝贺。中西报纸再一次争先恐后进行报道，美国《三藩市星期日呼声报》用整版通栏大标题刊出"他为中国龙插上了翅膀"，并以冯如肖像、冯如飞机和巨龙作为套题照片，详细报道了冯如其人其事（图2.26，塞拉利昂，冯如和《三藩市星期日呼声报》的报道；图 2.27，中国，冯如在飞行；图 2.28，极限片，冯如研制的"冯如 2 号"飞机）。

图 2.27

1911 年 2 月 22 日，冯如偕同几名助手，带着 2 架飞机启程回国，准备在国内大展身手，为自己的祖国制造飞机。当年辛亥革命爆发，为了推翻清政府的统治广东军政府成立航空队，冯如被任命为航空队队长（图 2.29、图 2.30，塞拉利昂，冯如和他的飞机在中国）。

图 2.29

图 2.28

图 2.30

1912 年 8 月 25 日，在广州燕塘，冯如驾驶自己制造的飞机第一次在祖国上空进行表演飞行。冯如先向到场各界人士介绍飞机知识，接着驾驶飞机徐徐升高至 30 多米，向东南方向飞行约 8 千米，飞机飞行正常，操纵自如，场上掌声不绝。冯如想驾驶飞机继续升高，但是由于操纵过猛致使飞机失速坠入地面竹林中，机毁人伤，送医院抢救无效不幸牺牲，年仅 29 岁。冯如临终前还吃力地把失事原因告诉助手，并勉励他们"勿因吾毙而阻其进取心，须知此为必有之阶段"。冯如逝世后，遗体葬于黄花岗烈士陵园，被尊为"中国始创飞行大家"。（图 2.31、图 2.32，中国，冯

图 2.31

17

图 2.32

图 2.33

如雕塑、当年《申报》报道）

为了永远纪念这位中国航空先驱，在冯如驾驶飞机成功飞行 100 周年之际，中国航空博物馆为冯如塑造全身雕像，基座上镌刻醒目大字"中国航空之父——冯如"。中国、美国同时发行冯如飞行百年纪念封。（图 2.33，中国，冯如；图2.34，中国广东恩平，冯如飞天100周年纪念戳；图 2.35，中国，冯如飞行百年纪念封，美国奥克兰寄中国恩平）

图 2.34

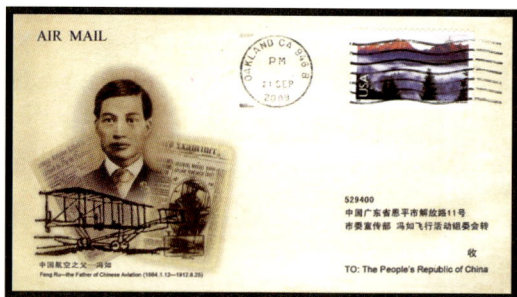
图 2.35

4. 中国水上飞机先驱——谭根

1910 年 7 月，在美国芝加哥万国飞机制造大会上，旅美华侨谭根驾驶自制的船身式水上飞机，一举获得第一名，中国人又一次在美国引起轰动（图 2.36，中国，谭根和他研制的"谭根"号水上飞机）。

图 2.36

谭根，祖籍广东开平，1889 年出生在美国旧金山，1910 年毕业于美国希敦飞行实验学校，获得国际航空联合会驾驶执照。毕业后，在华侨的资助下，试制水上飞机，是世界水上飞机早期设计者之一。1911—1912年曾受聘于美国陆军，负责空投炸弹训练。1913年，旅美华侨在孙中山先生的倡议下，在檀香山集资成立"中华民国"飞船（飞行）公司，聘请谭根为飞机师，先后设计制造了3架水上飞机，并训练了一批飞行员。此后，谭根在夏威夷、日本等地进行飞行表演。在菲律宾表演时，曾飞越海拔2416米的马荣火山，创造了当时水上飞机的飞行高度世界纪录。1915年春，孙中山发动"二次革命"期间为筹办航空学校，聘请谭根负责校务，并先后去南洋进行飞行表演以募集办校经费。

1915年5月，谭根途经日本受到孙中山的再次接见，而后在香港进行飞行表演。此时，袁世凯委任龙济光为广东都督，在广东筹办航空学校，谭根受聘为飞行主任。1915年底，袁世凯称帝，全国掀起讨袁浪潮，广东宣布独立，成立护国军两广都司令部，与袁世凯对峙，谭根被委任为讨袁航空队队长，并从菲律宾购买2架卡斯基飞机运往肇庆助战。1918年6月，担任广东航空队队长的谭根参加了讨伐龙济光的战斗。后来，谭根改行从商脱离了航空界。

5．南苑——中国近代航空发源地

1908年11月，清朝慈禧太后、光绪皇帝先后去世，年仅3岁的溥仪继承皇位，其父载沣以摄政王身份执掌朝政。1910年2月，清朝军谘府大臣载涛奉命参观考察军事，回国后倡导发展航空队。载沣为加强他亲自统帅的禁卫军，批准军谘府的奏请，在北京南苑毅军部设立了中国第一个航空机关。当年3月，购进一架法国"桑麻"（又译"法曼"）式双翼飞机，用轮船海运经天津转至北京，作为参观和仿制之用，这是中国拥有的第一架飞机。（图2.37，圣马力诺，飞行中的"法曼"飞机；图2.38，密克罗尼西亚，亨利·法尔芒和他研制的飞机）

1910年8月，军谘府在南苑庞店毅军操场内建设厂棚，开办飞机试行工厂，

图2.37

图2.38

并利用操场原址修建供飞机起降的跑道，中国开始有了第一个机场。军谘府拨款在南苑五里甸开始筹组禁卫军航空队，选调军官练习飞行。

军谘府还委派留日归来的留学生刘佐成、李宝焌在北京南苑组建飞行器研究所，研究制造飞机和气球。李宝焌、刘佐成利用从日本购回的材料、零部件先后组装过2架飞机，但都没能试飞成功。这是近代中国国内飞机制造的开端。

由上可见早在1910年，北京南苑就成为集航空机关、研究机构、飞机工厂以及飞机场于一体的中国第一个航空基地。

1910年，军谘府批准留英学生厉汝燕官费学习飞机制造和驾驶技术，又指定在法国的官派留学生秦国镛、潘世忠等改学飞机驾驶技术。

1911年，秦国镛从法国学成归来并带回一架法制高德隆（Caudron）单座教练机（应为GII型）。4月6日，秦国镛驾驶高德隆飞机在北京南苑机场进行了公开表演飞行。当日，众多清朝官员和外国人到场参观。秦国镛驾驶飞机缓缓飞行，绕场3周，平稳落地，赢得满场喝彩。这是中国人在自己的领空上首次飞行。（图2.39，中国，中国人首次驾机国内飞行100年纪念北京南苑机场实寄封；图2.40，葡萄牙，法制高德隆型飞机）

秦国镛，湖北咸宁人，1904年（清光绪30年）受清政府派遣以官费留学法国，先后进预备学校、陆军学校骑兵科学习，后奉朝廷命令改学飞行。秦国镛是中国第一个学成回国的飞行员。

1910年、1911年的中国航空事业有了可喜开端，但是此时的清朝政府风雨飘摇大势已去，1911年10月爆发的辛亥革命埋葬了中国最后一个封建王朝。

图 2.39

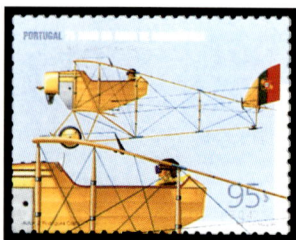

图 2.40

三

军阀混战　畸形发展

民国初年，我国南北各省以不同的方式和途径发展航空。孙中山在国内"无尺寸之地"的情况下，大力提倡"航空救国"，发动海外华侨捐款，培训和储备航空人才。袁世凯窃取政权后，举债购买外国飞机，开办航空学校，试图建立全国统一的航空事业。直皖战争拉开了军阀混战的序幕，各地军阀为了巩固和扩大地盘，不断扩充军事实力。在社会动乱分裂的形势下，国内航空事业坎坷畸形发展。一方面，由于内战的形势所迫，各派系军阀急需大量作战飞机发展自己的"小空军"；另一方面，社会动荡经济基础破坏殆尽，处于萌芽和起步阶段的国内航空事业难以为继，于是大量花钱购买外国飞机成为一种常态，这又反过来阻碍了民族航空事业的发展。

1．孙中山倡导航空救国

中国民主革命先驱和领袖孙中山先生，倡导三民主义，首举彻底反封建的旗帜，"起共和而终帝制"，为中华民族的复兴奋斗终生。由于受到清朝政府的追缉，自1907年起孙中山便长期游历欧洲、北美，考察英、法、美等国，直到国内爆发武昌起义归国。期间耳闻目睹西方航空的发展和应用，敏锐地预见到飞机对于军事作战、民用交通的重要作用，此时的孙中山热切期望中国有自己的飞机。

1910年6月，冯如在美国奥克兰制成了更加先进的"冯如"2号飞机。正在旧金山华侨中间进行革命活动的孙中山先生异常振奋，满怀期待地说："吾

国大有人才矣"。孙中山看到了飞机用于国内革命推翻清廷的希望,其"航空救国"思想或许从此萌生。(图3.1,中国邮资片,孙中山及其"航空救国"思想)

图3.1

在"航空救国"的思想驱使之下,孙中山在美国华侨中间多方开辟渠道,筹措经费,招揽人才,倡导华侨成立公司制造飞机。辛亥革命爆发之后,在他的倡导和组织下,在美国华侨中以及湖北、广州、上海军政府先后创办了4支航空队,准备用于推翻清朝帝制。

1910年3月,孙中山在美国檀香山成立同盟会分会,倡议当地华侨筹资成立中华民国飞船公司制造飞机,并鼓励当地华侨青年学习飞行技术。在同年的一封信中说:"飞船(即飞机)练习一事,为吾党人才之不可缺。其为用,自有不可预计之处"。1911年9月14日,孙中山致电旅美革命党人再提及飞机的重要性。1911年10月10日,辛亥革命爆发以后,同盟会在三藩市的美洲总支部发动华侨出钱出力,于11月组建23人的华侨革命飞行团,以著名飞行家谭根为统领,李绮庵、余夔为助手,并聘请威尔霍斯为飞机工程师。购得寇蒂斯(Curtiss)单翼飞机6架,于12月30日、次年1月6日先后两批运抵上海,准备参战。(图3.2,中国邮资片,华侨革命飞行团统领谭根)

图3.2

1911年11月湖北军政府航空队成立,刘佐成任队长,潘世忠任顾问(图3.3,中国邮资片,湖北军政府航空队队长刘佐成)。航

图3.3

空队有法制"桑麻"式飞机 2 架（法国飞行家在上海表演用过的飞机，辗转到达时需要修理）。当清军与革命军在湖北激战时，湖北军政府都督黎元洪曾多次与孙中山电文往来，商请购买飞机事宜。

1911 年 11 月 9 日，广东响应辛亥革命，成立广东军政府，12 月成立广东军政府航空队，从美国归来的冯如任队长，朱竹泉任次长。航空队有冯如带回国内的 2 架自制飞机，准备随同北伐军北上作战，担任军事侦察任务。（图 3.4，中国邮资片，广东军政府航空队及队长冯如）

图 3.4

1911 年 12 月，留学英国的厉汝燕受上海军政府都督陈其美的邀请和委托，在奥地利选购 2 架"鸽"式单翼飞机回国，被委任为上海军政府航空队队长。"鸽"式飞机为奥地利工程师伊戈·爱垂奇（Igo Etrich）设计，委托诺勒机器工厂生产。1911 年意大利与土耳其的战争中，"鸽"式飞机首开飞机用于空中轰炸的世界纪录。

图 3.5

（图 3.5，中国邮资片，上海航空队及队长厉汝燕）

1912 年 2 月 12 日，正当 4 支航空队跃跃欲试，准备随军北上讨伐满清王朝之际，清帝溥仪宣布退位，清王朝覆灭。4 支航空队虽然没有能够直接参战，但却给予风雨飘摇中的清王朝以有力的震慑。

1912 年 4 月 13 日、14 日，上海军政府航空队队长厉汝燕，驾驶"鸽"式飞机在上海江湾跑马场上空进行飞行表演，并散发传单庆祝辛亥革命成功。（图 3.6，中国，厉汝燕及"鸽"式飞机；图 3.7，德国，"鸽"式飞机）

1913 年 7 月，第一次讨袁战争失败后，孙中山出走日本期间与日本飞行家共同筹办航空学校。1915 年 4 月，由孙中山亲自定名的中华革命党飞行学校

图 3.6

图 3.7

在日本西京八日市机场成立。学校有华侨学员 20 余名，华侨捐赠的飞机 3 架，聘请了日本教官和美国顾问。1916 年 3 月开始飞行训练。当时，国内掀起了声势浩大的讨袁运动，孙中山发表《第二次讨袁宣言》，并于 4 月返回上海，亲自组织指挥革命党举兵讨伐袁世凯。

1916 年 5 月，为壮大起义军的声势，孙中山将驻日本八日市的中华革命党飞行学校调迁到山东潍县，更名为中华革命党东北军华侨义勇团飞机队，参加讨袁战争。飞机由日本教官驾驶执行空中侦察、散发传单等任务。5 月 10 日，3 架飞机全部出动到济南上空散发传单，还用"三炮台"牌香烟罐装填炸药制成炸弹，投到济南城内的山东督军府内，造成了极大心理震慑。

1913 年 3 月，中华民国飞船公司在美国檀香山创办，仿制出双翼飞机一架，由公司飞机科教练谭根试飞成功。（图 3.8，航空实寄明信片，谭根肖像及飞行现场情景。其中文字："此机为世界最先之华人飞机制造家谭根造"、"中华民国飞船公司第一号陆上飞机载客飞行图"）同年 7 月根据孙中山指示，谭根驾驶该机飞往国内准备参加讨袁战争。由于讨袁战争失败，中途返回檀香山。不少在中华民国飞船公司工作和学习过的华侨后来成为创建广东空军的骨干。

图 3.8

1914 年 6 月，在美国寇蒂斯·莱特航空学校学成毕业的林福元，携带寇蒂斯飞机一架（图 3.9，美国，寇蒂斯 JN-4 型飞机；图 3.10，美国，寇蒂斯型飞机），经日本到达香港。在港期间，他了解到孙中山的革命主张及其航空救国思想，决心追随孙中山。

图 3.9 图 3.10

1917 年 9 月，孙中山到达广州就任军政府大元帅，积极开展护法斗争。回到广州的林福元立即投靠军政府，被孙中山任命为广东航空队副队长。其后的几十年里，林福元在中国航空界，历任军事航空、民用航空、航空教育、飞机制造等方面的要职。

1916 年，遵照孙中山的嘱托，中国国民党赴美总支部长林森在华侨的资助下，于纽约州布法罗市寇蒂斯飞行学校内开办了中国国民党飞行学校，接受美国空军军事训练。首批 20 名学员于 1917 年秋相继毕业，组成国民党航空队，由杨仙逸率领回到广州，参加护法斗争。孙中山下令在广州大沙头开辟飞机场，任命杨仙逸为航空队队长。（图 3.11，中国，杨仙逸和"乐士文"号飞机）

图 3.11

1917 年 2 月，孙中山指派专人联络加拿大华侨，在加拿大沙市加寸城创办了中华革命党强华飞行学校，招收学员 10 余人。

孙中山先生的"航空救国"思想和他对航空事业的期望，集中体现在他 1921 年亲自撰写的《十年国防计划》中。在这份自己称之为"救国计划"的 63 个要点中，关于航空多达 9 条，包括：建设新的航空港；制定航空建设计划；举行全国空军攻防战术演习；向列强定制飞机以便进行仿制；聘请外国航空教练来华训练空军；使空军建制标准化；发展航空制造工业；训练一支立于不败之地的空军；研究列强在远东地区空军力量与中国防空的关系。"航空救国"思想是中国航空史上的创举，孙中山先生是中国近代航空事业当之无愧的奠基人。遗憾的是几年以后，孙中山先生就积劳成疾与世长辞，发展中国航空事业成为伟人的未了遗愿。

2. 北京政府开办航空

1911 年 10 月 10 日，武昌起义推翻封建帝制，建立中华民国。1912 年 1 月 1 日，孙中山在南京宣誓就任中华民国临时大总统。袁世凯玩弄两面手法，骗取了孙中山辞职，并推举袁为总统。1912 年 3 月 10 日，袁世凯在北京就任中华民国临时大总统，从此开始了北洋军阀政府统治时期。

袁世凯凭军权取得政权尝到甜头后，更加注重军事实力，并且窥见航空在军事上的作用，于是极力培植自己在北京的军事航空力量。1913 年 3 月，

图 3.12

刚刚上任的袁世凯，急忙调南京交通团飞行营仅有的 2 架奥地利制造的"鸽"式单翼飞机到京，归属南苑陆军第 3 师新建的飞行营，并在飞行营附设飞行训练班和小型修理厂。（图 3.12，挪威，"鸽"式飞机）

3. 南苑航空学校

1913 年春，袁世凯采纳顾问法国驻北京公使馆武官白理索的建议，决定购买外国飞机，聘请外国航空技术人员，在北京南苑开办航空学校筹建空军。南苑航空学校是中国第一所正规的航空学校。航校的筹办由参谋本部负责，从法国购买教练机及设备器材，聘请法国飞行教官、技师各 2 名。拨专款在南苑修建 100 余间校舍、停机棚，扩建陆军操场作为飞机起落场地，并修建了修理厂。参谋本部委任秦国镛为校长，潘世忠、厉汝燕及 2 名法国人任飞行教官，并制定了航校规章制度。（图 3.13，中国，秦国镛 南苑航校的机群）

图 3.13

1913 年 9 月，南苑航空学校正式开学。航校第一期招收了 50 名学员，主要来自陆、海军学校的毕业生。训练课程分学科和术科两大类，学科有航空学、机械

学、气象学、战史及陆海空战术、外语等课程；术科以训练飞行为主，修理飞机和拆装发动机为辅。第一期学制为1年，第二期起改为2年。飞行训练的教练机是从法国订购的12架高德隆式飞机。学员首先进行初级班飞行训练，达到能在本场安全起落飞行的标准，然后进入高级班分驱逐、轰炸、侦察3个组逐一轮训。最后，进行长途航线飞行训练，即按照仪表指定的方向进行长途飞行，航线是南苑机场－保定－天津－南苑机场。（图3.14，中国，南苑航空学校机群）

图3.14

1914年12月，南苑航空学校第一期41名学员毕业。可是，此时的北京政府已经无力建设空军，学员分配无着落，有的回了原单位，有的留校继续学习。1915年3月，第2期开学，经过2年训练，又培养了42名飞行学员。

1920年2月，南苑航空学校改组为航空教练所。航校修理厂调出，成立了清河修理厂，由潘世忠任厂长。1921年春，南苑航空学校招收第3期学员。同时，教学飞机改用英制阿弗罗Avro–504K型双座教练机，发动机100马力，飞行时速达152千米，因为该机双座的操纵系统可以联动，很适合训练飞行学员。还聘请了英籍飞行教官和技术人员。1923年，直系军阀曹锟通过贿选当上了大总统，航空教练所又更名为国立南苑航空学校，秋季招收第4期学员，到1925年11月共35名学员毕业。（图3.15，加拿大，阿弗罗型教练机）

南苑航空学校是北京政府仅有的空中力量，多次执行过空中作战行动。1913年冬，北京政府指令南苑航空学校派飞机配合征讨外蒙背离中国的活佛哲布尊丹巴叛军。南苑航校教官潘世忠与学员吴经文奉命驾机出征。在严寒的恶劣天气条件下，潘世忠驾机侦察飞行2次，虽未投弹，但愚昧迷信的叛军见到飞机轰鸣，以为怪物从天而降，吓得抱头鼠窜不战而溃。这是中国军队第一次将飞机用于作战，也是中国最早的飞机侦察活动。在1914年镇压河南

图3.15

图 3.16

图 3.17

白朗起义作战中，校长秦国铺带领厉汝燕等驾驶 4 架飞机，对进入豫、陕、甘的白朗农民军进行了分段侦察和轰炸。这是中国首次空中轰炸作战行动。（图 3.16、图 3.17，中国，潘世忠和他研制的"抢车"1 号飞机）

1915 年 12 月 12 日，袁世凯在北京废除民国恢复帝制，改国号为"中华帝国"，将 1916 年定为"洪宪元年"。

孙中山发表《讨袁宣言》，领导西南各省护法讨袁。袁世凯把南苑航空学校作为他的保皇军，分 2 队派往四川、湖南配合陆军实施空中侦察。1917 年 7 月 1 日，军阀张勋与保皇党首领康有为等在北京复辟帝制，拥戴清废帝溥仪重新当上皇帝。总理段祺瑞组织讨逆军讨伐张勋，南苑航空学校配合行动，由校长秦国铺率领 3 架高德隆飞机对丰台张勋"辫子军"阵地和北京紫禁城投掷了手榴弹。据溥仪回忆，一枚落在隆宗门外炸伤一名轿夫；一枚砸坏了御花园水池子一角；一枚落在福隆门上没有爆炸，但却让那里聚赌的太监惊魂难定。飞机轰炸对清宫的破坏微不足道，但对于北京朝野造成了巨大震慑，同时飞机及航空的影响得以传播扩散。

军阀混战时期，北京政府政权频繁更迭，南苑航空学校也遭遇坎坷，甚至教职员工难以按时得到薪饷。1928 年 5 月，国民革命军北伐成功，张作霖退守关外，北洋政府消亡。隶属于北洋政府航空署的南苑航空学校也随之撤销。

南苑航空学校历时 15 年，艰难坎坷之中培养飞行学员 160 名，这对尚处于萌芽状态的中国航空事业起到了十分重要的作用。由于当时各地军阀竞相建立自己的空军，航校毕业的飞行学员成了军阀网罗的对象，日后成为各地的航空军事骨干，1928 年以后，又成为南京国民政府空军初建时期的重要力量。

4. 中国民用航空起步

第一次世界大战，飞机首次登上战争舞台。"一战"结束后，参战国为成千上万架军用飞机寻求出路，纷纷向海外推销。1919年10月，英商维克斯公司与北京政府陆军部签订总额180万英镑的航空借款合同，包括购买40架维梅型轰炸机改装的旅客机、60架阿弗罗－504K型教练机。这是中国政府首次大规模举债购买飞机。（图3.18、图3.19，罗德西亚、安圭拉，"维梅"型飞机；图3.20，英国，副票为阿弗罗504飞机）

早在1919年3月，北京政府交通部就成立了筹办航空事宜处，中国开始有了中央级的航空行政机构。1919年11月，国务院又成立了航空事务处，1921年扩编为航空署。

1920年，意大利飞机队从罗马飞越欧亚大陆，4月21日进入中国，途经中国广州—

图 3.18

图 3.19

图 3.20

福州—上海—青岛—北京，从北京飞往朝鲜，最后于6月1日抵达终点日本东京，这是航空史上首次跨越欧亚大陆的长途飞行。意大利飞机队2架飞机在中国的飞行活动持续一月有余，受到官方的盛情接待，引起了广泛关注，国内有影响的媒体争相报道。这次飞行活动，对于萌芽中的中国航空事业无疑是一剂催化剂，据《晨报》载："政府方面因此次意机来华影响，觉航空事业必须积极进行，现拟就航空事务处加以扩充每年追加预算……"。（图3.21，1920年4月29日 福州—上海航班意大利飞行员携带的首航封）

1920年初，交通部就民用航空拟定了5大航空线计划。即北京—广州的京粤航线，北京—上海的京沪航线，北京—成都的京蜀航线，北京—哈尔滨的京哈航线，以及北京—库仑的京库航线。

图 3.21

图 3.22

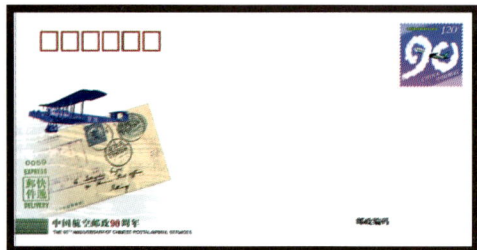

图 3.23

　　1920 年 4 月 24 日，由英国飞行员驾驶亨德利·佩治（Handley page）型客机成功试航了京沪航线北京—天津段。5 月 7 日上午正式开航，亨德利·佩治型客机载着 15 名客人和邮件从北京南苑机场起飞，经过一个小时飞行，至天津英商跑马场降落。在天津进行了 2 次载客表演飞行，下午返回北京南苑机场。这是中国民用航空首次航线载客飞行，也是中国航空邮政首次飞行。（图 3.22，1920 年 5 月 7 日中国航空邮政首航封；图 3.23，中国航空邮政 90 周年纪念邮资封，封左下图为亨德利·佩治型客机及邮件）

　　1921 年 3 月，航空署设立国有航空线管理局，规定全国航线 25 条，拟首先开通京沪航线，并首先成立了京沪航线筹备机构开展工作。4 月 27 日，航空署与邮政总局签订了客运邮件合同，协定航空通邮事宜。

　　京沪航线首段北京南苑至济南张庄机场航程 700 千米，航时约 2 小时 30 分。由英国飞行员担任正驾驶，中国飞行员担任副驾驶。航线上安排了"大鹏"号、"正鹄"号、"舒雁"号 3 架英制维梅型飞机执行任务。

　　"大鹏"号和"正鹄"号首先进行了试航。1921 年 7 月 1 日，京沪航线北京—济南航段正式通航。当日，在南苑机场举行了京沪通航典礼。16 时 45 分"舒雁"号飞机起飞，同机有中外记者，19 时 40 分抵达济南张庄机场。首次航空邮班携带邮件4袋、包裹4件。济南以下邮件仍由火车接递。为纪念航线开通，邮政总局发行了中国第一套5枚航空邮票。7月1日，在北京、济南、上海、南京等地首发。北京、济南、上海邮局均使用了纪念邮戳。（图3.24，中国，京沪线首航及中国首套航空邮票；图3.25、图3.26，中国第一套航空邮票；图3.27，纪念京沪线首航暨首套航空邮票发行80周年纪念封）

图 3.24

图 3.25　　　　　　　图 3.26

　　图3.28是1921年7月1日北京寄济南首航明信片，上面贴北京一版15分航空邮票，销北京7月1日首日戳，有济南同日到达戳，加盖纪念戳。背面图案是"空中俯视北京天坛之景况"的空中摄影照片。

　　正式开航以后，每逢单日由北京飞济南，双日返回。由3架飞机，分放在北京、天津、济南3地接力飞行，担任客邮营运。10天后，由于场站设施不周，经费困难等原因而停航。

　　1921—1924年的每年夏季，航空署专门为北京政府官员和外国使馆人员开辟了

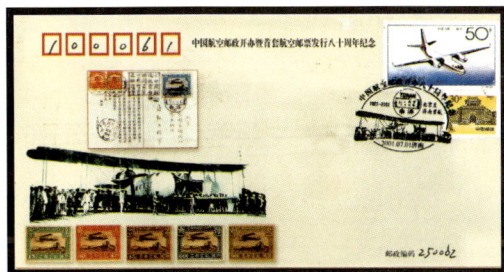

图 3.27

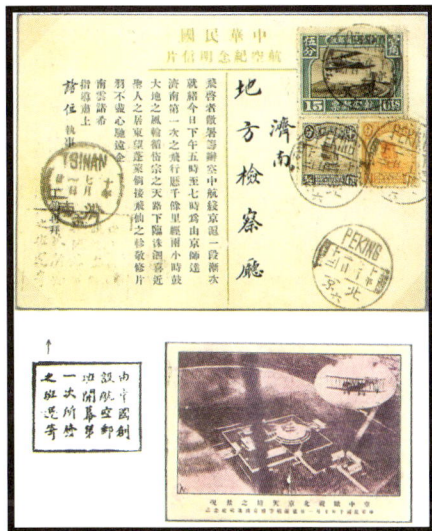

图 3.28

图 3.29

北京至北戴河的暑期特别航线，亦办理航空邮政业务。1921 年 8 月 12 日，北京—北戴河航班首次开航。（图 3.29，北京—北戴河往返的首航封；图 3.30，北京寄北戴河明信片，背面照片记录英制维梅"玄鹤"号客机停放在北戴河简易机场停机坪上，引来群众围观的情景）

图 3.30

图 3.31

1924 年春，直系军阀为发展航空事业，东北空军航空处抽调亨德利·佩治型及布莱盖型飞机 5 架，由航空队飞行员驾驶，开辟了以邮件运输为主的奉天（沈阳）至牛庄（营口）民用航线。（图 3.31，中华民国邮政实寄明信片）

5．中国民族航空工业的开端

1917 年末，最早一批由清政府派遣留英学习航空工程的留学生回国，他们是巴玉藻、王助、曾贻经、王孝丰等。1918 年 2 月，中国第一所正规的飞机制造工厂——海军飞机工程处在福建省马尾开办。巴玉藻任主任，王助、曾贻经、王

孝丰任副主任。（图3.32、图3.33，中国，巴玉藻、王助及设计的飞机）

图 3.32

工厂由马尾船厂几个车间改建而成，同时扩展周围的空旷地建成机库和装配厂房，在临江地段铺设了飞机入水滑道。从船厂挑选优秀技工及年轻徒工近百人，按航空工程专业分类加以培训。这批工人就是中国第一代飞

图 3.33

机制造技术工人。当时设备简陋，材料缺乏，制造飞机所需钢材、铝材必须进口。为了节省开支，经过试验，使用当地出产的杉木、白梨木等替代进口材料制造机身。使用中国特产的桐油、生漆做涂层保护，其效果远胜舶来品。1919年8月，马尾飞机工程处制造成功中国第一架水上飞机—甲－1型（图3.32）。甲－1型为双翼双桴水上飞机，起飞时以双桴为水上支撑体在水面滑行，达到一定速度后升力足够时飞机升空。飞机安装有功率100马力的发动机，总重953千克，最大时速120千米。（图3.34，中国，第一架水上飞机纪念封）

10余年里，马尾飞机工程处成功设计制造了教练机、侦察机、轰炸机等机型14架，大部分是等翼展双翼双桴式水上飞机。但是，由于经费困难始终没有投入批量生产。这些飞机比较先进，与当时欧美同类飞机性能相当。如1928年7月制造的"海鹰"号和"海雕"号水上鱼雷轰炸机，最大时速180千米，最大飞行高度3800米，海平面爬升率每分钟161米，总重

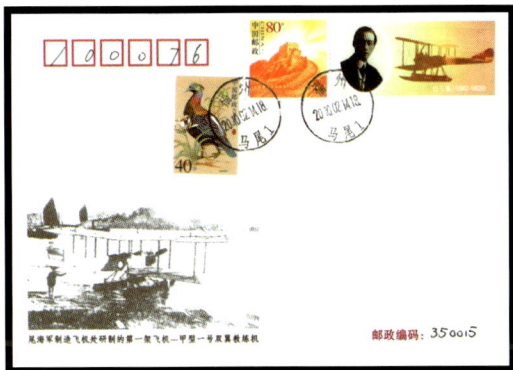

图 3.34

2.4 吨。不仅安装机枪、机炮，还可以挂炸弹、鱼雷。1930 年制造的"江鸿"号水上教练兼侦察机，曾由福建马尾飞至汉口，经受了长途飞行考验。

1931 年 1 月，海军制造飞机处迁往上海，并入江南造船所。从此，不仅制造水上飞机还设计制造陆上飞机，同时增加了修理飞机和仿制飞机的任务。1933 年他们为海军"宁海"号军舰设计制造的"宁海"号侦察机，机翼能够折叠，其技术水平具有代表性。1934 年 10 月 10 日，正式交付给海军"宁海"号军舰使用。1935 年，南京政府航空委员会向该处订购仿制的弗立特型飞机 12 架，这是他们第一次接受大批量订货。从接受订单到全部完成只用了 9 个月时间，可见其生产能力已经大为提高。

抗日战争爆发，1938 年 8 月海军制造飞机处辗转后迁，最后迁到成都，成为航空委员会下属的第 8 飞机修理厂。

6．军阀培植航空力量

1920 年 7 月，直系军阀曹锟、吴佩孚联合奉系军阀张作霖发动直皖战争，执掌北京政府实权的皖系军阀段祺瑞战败。直、奉军阀分别抢走了北京南苑和南口的飞机及工厂设备器材，成为他们在奉天、保定发展航空建立各自航空队的基础。

直、奉军阀共同掌控北京政权，由于利益不均发生火拼。在 1922 年 4 月、5 月间第一次直奉战争中，双方都出动了自己的航空队。结果奉系败退东北宣布东三省自治，直系军阀独揽北京大权。奉系军阀为了扩充实力，加紧培植空中力量。1922 年 9 月 1 日，在沈阳东塔机场自办东三省航空学校，用英制阿弗罗 –504K 型教练机作为初级训练，用法制高德隆 GIII 型教练机作为中级训练，

图 3.35

用法制布莱盖 14A 型飞机进行高级训练（图 3.35，新西兰，阿弗罗 626 飞机）。航校先后派出 2 批人员去法国里昂的航空部队实习轰炸、射击及空中格斗等科目。1923 年 9 月，东三省航空处改组，张作霖委派其子张学良为航空处总办兼航空学校校长，组建了 3 支航空队。1924 年 9 月，第二次直奉战争

爆发。奉军以各型飞机 50 余架的规模参战，陆上飞机以锦州为前进基地，水上飞机以葫芦岛为基地，每日飞往山海关、秦皇岛、热河及辽阳一带进行侦察、轰炸。直军自己 3 个航空队全部上阵，还以南苑航空学校作为预备队，再将河南、江苏、江西的航空队拉入战争，总共拼凑了近百架飞机参战。这是中国军阀混战历史上最大规模的一次飞机参战。11 月，战争结束，奉系军阀张作霖控制了北京政权，东北空军不断扩大，成为实力雄厚的一支空军队伍。（图 3.36，西班牙，东北军曾使用的布雷盖 -19 型飞机）

各地军阀佣兵自重，纷纷购买国外飞机，招揽航空人才，组建自己的航空机构和航空队。到 1926 年年底，在直系、奉系之后，云南、山东、江苏、浙江、山西以及西北地区军阀也陆续组建了当地的航空队。

图 3.36

7．广东革命政府空军

孙中山极力倡导航空事业，广东近代航空起步较早。自 1911 年冯如携带飞机回到广东后，谭根、林福元、陈桂攀等又相继携机抵穗。但是，由于政局不稳，孙中山在广东的革命事业屡遭挫折，广东航空反而落后。孙中山在挫折中深感建立自己革命武装力量的重要，并且确立了"联俄、联共、扶助农工"的政策，在中国共产党和苏联的支持帮助下，广东的航空事业开始新的艰难发展。

1917 年 7 月，皖系军阀段祺瑞僭任北京政府国务总理，拒绝恢复国会，并出兵西南以消灭异己。孙中山回到广州，组织护法军政府，召开了非常国会。9 月 1 日，孙中山被选为中华民国军政府大元帅。1918 年初，孙中山大元帅府成立航空处。指令杨仙逸、张惠长协助援闽粤军组建航空队。1920 年 11 月 29 日，孙中山回广州重新组织新政府，复任大元帅。航空局在广州大沙头成立。下辖 2 个飞机队，航空力量初具规模。1922 年 2 月，孙中山颁发北伐动员令。飞机队 7 架飞机从广东出发，协助北伐军北上作战。6 月广东军阀陈炯明发动了武装叛乱。航空队根据孙中山"回师靖难"指示，对陈炯明叛军进行轰炸扫

射。经过数月转战，航空队粮弹耗尽，无从补给，被迫在广东始兴多塘铺机场将参战飞机全部焚毁，人员随部队转移。留守在广东的航空局被陈炯明强行收编，广东革命家数年积蓄的航空力量毁于一旦。1922年10月，航空局在福州恢复建制，分散在各地的航空人才重新聚拢到航空局，利用马尾海军制造飞机处的飞机和器材，重组航空队。1923年3月，杨仙逸和国外培训的林伟成、黄光锐等10余人先后回到广州。孙中山任命杨仙逸为大元帅府航空局局长兼飞机制造厂厂长，黄光锐、林伟成分别任1、2航空队队长。4月、5月航空队2次配合地面部队作战迫使叛军退回广西，解除了对广州的威胁。

杨仙逸担任航空局局长兼飞机制造厂厂长后，随即组织制造飞机。1923年6月，第一架飞机制造成功。这是一架装有90马力美制寇蒂斯发动机的双翼双座侦察教练机。7月，在大沙头机场举行了隆重的试飞仪式。孙中山、宋庆龄出席，宋庆龄还与试飞员黄光锐一起登机绕场飞行2周。孙中山题写"航空救国"4个大字，并以宋庆龄英文名字将飞机命名为"乐士文"号，欣然与宋庆龄一同在飞机前留影。而后广东飞机制造厂又制造了"乐士文"2号、"乐士文"3号共60多架飞机，成为当时中国最有成效的飞机制造厂（图3.37，极限片，杨仙逸、孙中山和宋庆龄与"乐士文"号飞机）。

图 3.37

1923年8—11月，叛军陈炯明多次围攻广州，孙中山多次指挥航空队出击，配合地面部队行动。为提高航空队飞机轰炸威力，杨仙逸偕同海军鱼雷局局长等在博罗梅湖白沙堆水面一架水上飞机上改装鱼雷，因工作人员操作不慎鱼雷爆炸，杨仙逸和在场人员百余人不幸遇难。

杨仙逸出生于广东香山县，从小跟随父亲旅居美国檀香山，其父是当地华侨富商，是孙中山的挚友。杨仙逸少年时即参加了同盟会。杨仙逸先在加利福尼亚哈里大学攻读机械专科，毕业于纽约茹米斯大学航空系，并取得国际航空联合会水陆飞行执照。1918年，杨仙逸担任当地华侨创办的图强飞机公司董事。同年，应孙中山之邀回国筹建航空队，不久即担任援闽粤军飞机队总指挥，多次率队参加讨伐两广军阀的战斗。1921年，杨仙逸根据孙中山的指示，组织一批爱国青年去国外学习航空技术，同时在华侨中筹款购得10架飞机运回广州。1923年，杨仙逸组织20多名出国的空地勤人员回到广州，成为孙中山发展广州航空事业的骨干。

国共合作推动广东航空发展。孙中山反思他依靠军阀打军阀屡遭挫折的教训是"只有革命党的奋斗，没有革命军队奋斗；没有好的革命军，中国的革命永远还是要失败"。1924年1月，孙中山在广州主持召开了有中国共产党参加的中国国民党第一次全国代表大会，制定了"联俄、联共、扶助农工"的政策，国共合作的统一战线正式形成。在中国共产党与苏联的推动和帮助下，1924年，孙中山在广州开办黄埔军校后，又开办了军事飞机学校，即广东航空学校。由大元帅府秘书兼航空局局长陈友仁任校长，聘请了苏联顾问、德国教授和参加过第一次世界大战的德国飞行教官。第一期学员只有10名，大部分是从黄埔军校一期中选调的学员，当时只有2架美国寇蒂斯型飞机供训练。（图3.38，中国，黄埔军校；图3.39，美国，寇蒂斯飞机）

图 3.38　　　　　　　　　图 3.39

1925年8月，由苏联顾问李糜带领第一期6名学员去苏联学习深造，其中刘云、王勋、王翱、冯询是共产党员，唐铎到莫斯科后加入了中国共产党。

第二期分2班训练，飞行班22人，侦察班20人。1926年6月，学校从2个班选调10余人去苏联学习。常乾坤、黎鸿峰、徐介藩、李乾元等4人到苏联继续学习飞行，他们都是中国共产党党员。1927年2月，又一批飞行干部和学员20余人赴苏联学习，11月后陆续回国。2期学员毕业以后，一年多没有招生。1928年4月，从社会青年中招收甲班、乙班共100名学员，第二年4月、7月先后毕业，全部补充到广东空军，从此广东空军改变了依靠华侨补充航空队的状况。广东航

空学校在 12 年半的时间里，培养出飞行员 480 余名，是中国近代航空史上培养飞行员最多的航空学校，对中国空军创建和航空事业发展发挥了重要作用。

孙中山倡导国共合作，提出反帝反封建的正确主张，深得各界拥护，航空界有识人士纷纷投奔广州，除早年追随孙中山的黄光锐、张惠长、胡汉贤等，又有在德、法、美等国留学的飞行人员来到广州参加北伐革命。1925—1927 年春，广东的革命航空力量得以迅速发展，航空人才云集，呈现出一派生机。广东航空队首先在东征陈炯明、西讨滇桂军阀的作战中发挥了重要作用。在国民革命军挥师北伐的作战中成为一支重要力量。北伐军航空队利用空中快速机动的优势，在叶挺先遣团攻打汀泗桥一役，连续轰炸，迫使吴佩孚的主力后退。（图 3.40，中国，叶挺）1926 年 9 月 8 日，航空队在武汉上空侦察敌情、散发传单。从 12 日开始对守城敌军连日轮番轰炸，炸毁了敌军电台和蛇山炮台，轰炸了敌指挥机关等目标。10 月初，武汉守敌向北伐军投降。

图 3.40

随北伐军进军江西的航空队，在九江炸沉了孙传芳部队的"江新"号运输船，炸毁了涂家埠的炮兵阵地，炸翻了德安运送援兵的列车，还轰炸了敌军司令部。航空队还为国民革命军指挥部提供了准确的空中侦察情报，北伐军对敌情了如指掌，及时调整部署，准确有效打击敌人，很快攻克南昌。

1926 年 10 月中旬，国民革命军攻占武汉。1926 年年底，原在广州的国民政府和国民党中央总部迁都武汉。1927 年 1 月，国民政府在武汉成立航空处。4 月 12 日，蒋介石在上海发动反革命政变，并在南京组织政府与武汉政府对峙，形成宁汉分裂局面。南京国民革命军司令部下也设立了一个航空处。7 月 15 日，以汪精卫为首的武汉国民政府发动了镇压共产党人的反革命政变，国共合作破裂，第一次国内革命战争失败。而后，宁、汉反动派在反革命事业中合流。北洋军阀被打倒，但是，各派新军阀之间争权夺利战乱不止，起步不久的空军力量又沦为新军阀混战的工具。

进入 20 世纪以来，在 20 余年的军阀混战、社会动荡形势下，中国近代的航空事业，艰难坎坷、蹒跚而行，不可能有大的作为。

四

民国航空 举步维艰

1928年6月15日，南京政府宣布"北伐成功"、"统一告成"。可是旧军阀打倒了，借北伐之机涌现出来的新军阀又开始了新的角斗。南京国民政府应内战之需加紧了组建空军的步伐。以刚接收的北洋军阀空军人员和飞机为基础，以广东、云南等地的空军人员为骨干，建成了一支以侦察机、轰炸机为主的空军部队。1929年，世界性经济危机爆发，欧美各国急于开拓欧亚空中航线。1930年起，南京政府交通部利用外资购买飞机，先后开办沪蓉航空管理处、中美合办的中国航空公司、中德合办的欧亚航空公司，以及两广政府开办的西南航空公司。中国民用航空事业艰难坎坷，蹒跚前行。1937年"七七"事变，抗日战争爆发，刚刚举步的中国民用航空运输事业面临夭折。

1. 广东空军改组"北飞"

1927年以后，广东的军政实权先后由国民革命军总参谋长李济深、第8路军总指挥陈济棠掌握（图4.1，中国，李济深）。广东空军在几年内成为与南京国民政府抗衡与"合作"的重要力量。到1936年3月，广东空军已经拥有飞行人员200多人，飞机100多架，扩编为9个飞机队。1936年4月，蒋介石趁国民党元老胡汉民在广州病逝之机，宣布取消国民政府西南政务委员会，企图以此结束两广的半独立地位。

图 4.1

为了对抗蒋介石，陈济棠、李宗仁、白崇禧宣布成立两广军事委员会，集中 30 万大军分兵 3 路北上讨蒋，一场大规模内战一触即发。蒋介石一方面调遣陆军、空军部队进逼两广，同时暗中对粤军分化瓦解，调用飞机飞临广州上空散发传单展开政治攻势。1936 年 7 月 2 日，广东空军飞行员黄振纲等分别驾驶 4 架道格拉斯轰炸机、3 架波音驱逐机从从化、天河机场起飞，直飞南昌投蒋（图 4.2，阿拉伯利比亚民众国，DC-3 客机）。7 月 10 日，南京方面出动 3 架"诺斯罗普"式飞机，飞临广州上空撒传单，造成广东空军人心浮动。7 月

图 4.2

18 日，在时任广东空军司令黄光锐的策动下，74 架飞机脱离陈济棠"北飞"投蒋，其中 70 架飞机当日飞抵韶关，随后转飞南昌。司令黄光锐及参谋长、航空学校校长等分乘 3 架教练机飞往香港，再转飞南京。陈济棠得悉广东空军"北飞"投蒋，自知大势已去，当日下午通电释兵下野"出洋考察"。随后李宗仁、白崇禧与蒋介石达成妥协，"两广事件"

和平解决，一场大规模内战得以化解。当时，正值外敌压境，民族危机当头，广东空军"北飞"与南京中央空军合并，顺应了全国反对内战，团结抗日的呼声，也为抗日战争保留了一支实力雄厚的空中力量。

2．东北空军全军覆没

1928 年 6 月 4 日，奉系军阀张作霖在日本人制造的皇姑屯事件中被炸死，张学良出任东三省保安司令。12 月 29 日，张学良通电宣布"遵守三民主义，服从国民政府，改旗易帜"。从而，国民党政权暂时取得了"全国统一"。1930 年初，张学良接受"中东路"事件中苏冲突失利的教训，积极整备空军，增强空军战斗力。首先改组东北边防军航空司令部，亲自兼任空军司令。拨巨款从日、法等国购买各式飞机 80 余架，成立航空教导队，聘请日、法等国教官任教轮训飞行员。经过几年的整训，易帜后的东北空军，成为一支拥有近百名飞行员和百架飞机的有相当作战实力的部队。可是，在 1931 年"九一八"事变爆发时，张学良按照蒋介石不抵抗的命令，指示"空军官兵不得擅自行动"，

仅仅 100 余名日本士兵如入无人之境，未遇一兵一卒的抵抗就冲进东塔机场，东北空军 100 余架飞机落入敌手。其中有英制维梅型轰炸机，法制布莱盖型、波太型、高德隆型轰炸机，德制容克型侦察轰炸机，日制甲式战斗机和八八式侦察机。还有刚刚从捷克斯洛伐克等国进口尚未启封安装的 40 架新飞机（图 4.3，罗德西亚，维梅型轰炸机；图 4.4，中非，维梅型轰炸机；图 4.5，德国，容克 F–13 型飞机）。惨淡经营 10 余年的东北空军，一夜之间成了蒋介石不抵抗政策的牺牲品。东北空军的飞机被重新涂上日本军徽，摇身一变成了杀害东北同胞的武器。

图 4.3

图 4.4

图 4.5

　　1927 年以后，新疆、福建、湖南、四川以及广西等地陆续组建了本地区的航空队。这些航空队在抗日战争爆发前后与南京政府空军合并。

3. 南京国民政府的空军

　　1926 年 7 月，国民革命军总司令部航空队随军北伐，10 月攻占武汉。同年冬，北伐航空队改组为航空处，开始扩建空军。航空处以上海、南昌等地缴获的直、鲁系军阀的两支航空队为基础，组建了第一、第二飞机队，有德制哈维兰飞机 3 架、容克型飞机 1 架、法制高德隆飞机 6 架、施莱克水上飞机 4 架、布莱盖型飞机 3 架。（图 4.6，柬埔寨，英制德·哈维兰型飞机；图 4.7，法制高德隆型飞机）

　　1927 年 4 月 12 日，蒋介石在上海发动了反革命政变。4 月 17 日，武汉国民政府、国民党中央斥责蒋介石叛变革命，按反

图 4.6

图 4.7

革命罪免去蒋介石"本兼各职"。同月，武汉国民政府成立了武昌军事委员会航空处，由孙科任处长。与此同时，蒋介石在南京成立国民政府，与武汉国民政府对抗，形成宁汉分立局面。5月蒋介石又在南京成立国民革命军总司令部航空处。这样，在同一时期、同一国民革命军名义之下，分别在武汉、南京成立了两个航空处。

1927年7月15日，以汪精卫为首的武汉国民政府发动了镇压共产党人的反革命政变，宁汉合流，南京航空处合并了武昌军事委员会航空处。

1928年2月，南京国民政府军事委员会成立北伐军航空司令部，除原有2个飞机队外，又增加一个水上飞机队，有水上飞机2架。这是以北洋军阀各航空队人员、飞机为主组建起来的国民政府第一支航空队，共有飞机24架。这支航空队参加了蒋、桂、阎、冯4派新军阀联合进行的北伐战争。1928年4月，北伐军航空队随北伐军沿津浦线北上。6月，接收了北京政府航空署，同时接收了京津地区所有航空机构和飞机器材。同年11月，北伐完成，航空处改组为行政院军政部航空署，统管全国航空事务，下辖4个飞机队，各型飞机32架。北伐结束后，航空署开始整编扩充航空队。到1932年，新购置德国容克型驱逐机，扩编为7个航空队，各下辖3个分队，每个分队3架飞机。各个航空队编制增设了各类战勤保障人员，逐步成为单独执行任务的作战单位。

刚组建的几支航空队在1929—1932年间相继参加了西征武汉桂系作战、豫西及襄樊战役、粤桂战斗以及中原大战。这些航空队主要协助南京政府中央军部队进行侦察、轰炸活动，其中中原大战规模最大。1930年3月，阎锡山、冯玉祥、李宗仁联合反对蒋介石，在东起山东、西至湖北襄樊、南到长沙的广阔中原大地上，双方投入逾百万兵力，进行了长达10个月的混战，史称"中原大战"。期间，航空署7个航空队倾巢出动，还派广东空军第2航空队参战，参战飞机60多架。航空队飞机对冯玉祥剽悍的骑兵马群进行集中连续轰炸和扫射，使骑兵部队损失惨重。中原大战中上演了中国航空史上首次空战。冯玉祥部唯一的1架可以飞行的德制容克型飞机，由南苑航校刘仲宣驾驶飞临蒋介石的作战指挥中心归德上空进行侦察。第6航空队3架克塞型飞机由广东航空学校毕业的庄迪华、蒋其炎、曾泽棠驾驶起飞追击，在兰考、开封上空连续击伤了容克飞机。

4．中日空军首次空战

日军于1931年"九一八"事变中侵占我东北后，又在天津、青岛、武汉等地挑衅，并在上海频频制造事端。1月28日，日本海军陆战队数千人突然攻占上海闸北火车站，从而爆发了"一·二八"淞沪之战。

淞沪之战历时1个多月，日军总兵力9万余人，我军蔡廷锴将军统帅的19路军和增援部队仅5万人；日军飞机300余架，我军参战飞机共32架。虽然力量对比悬殊，但是中国军民同仇敌忾，英勇杀敌，一再给敌人以重创，使日军伤亡逾万，数次增兵，三易主将。面对数量上占绝对优势的日本空军，中国空军英勇无畏，与日军进行了5次空战。（图4.8，中国邮资片，抗日空战邮资片封套）

图 4.8

1931年2月5日上午，中国空军第6队队长黄毓沛率9架飞机由南京转场上海，飞到昆山上空时，先后与日军3架轰炸机、3架战斗机遭遇交战，飞行员朱达先击伤日军轰炸机1架。我军飞机在虹桥机场降落加油装弹后再飞杭州，又与2批日机交战。

1931年2月20日，美国退役飞行员萧特，驾驶波音218式战斗机由上海飞往南京途中，遭遇日军3架"3"式舰载驱逐机，双方激战20分钟，萧特击伤日机2架。2月22日，萧特驾波音战斗机在苏州以西上空再次与6架日机不期而遇，在1∶6的绝对劣势下，萧特紧紧咬住日军长机，逼近攻击，一举击落日军小谷进大尉驾驶的长机。这是中日空战中首次击落日军飞机。不幸的是，萧特被日机击中牺牲。萧特是美国陆军航空退役飞行员，曾兼任中央航校教练员，此次是为波音公司送新飞机，途中与日机遭遇，基于义愤英勇参战壮烈牺牲，年仅27岁。萧特的纪念碑矗立在上海和苏州，中国人民永志不忘。

1931年2月26日，日军6架轰炸机在9架驱逐机掩护下扑向杭州笕桥机场。

中国空军第 2 航空队队长石邦藩，飞行员蒋孝堂、赵明莆分别驾驶容克斯 K-47 等各型飞机与 15 架日机周旋激战于钱塘江口上空。在数量绝对劣势的情况下，英勇拼搏，击落日机 1 架。这是中国飞行员在空战中首次击落日机。我方 2 架飞机受重伤迫降，赵明莆光荣殉国。

几次空战后我空军损耗一时无法补充。南京政府命令全部机队撤至蚌埠机场待命。

自从北洋政府袁世凯创办空军以来 20 年时间里，中国空军一直作为新旧军阀混战和镇压人民的工具，枪口始终"对内"；淞沪抗战首次枪口对外，并且首创击伤击落敌机纪录，翻开中国空军发展史上新的一页。

1931 年 5 月 5 日，南京国民政府与日军签订了丧权辱国的《淞沪停战协定》，淞沪抗战以妥协退让而告终。

5．笕桥中央航空学校

1932 年 8 月，航空署划归中央军事委员会指挥，并由南京迁往杭州。航空署首先对空军组织机构进行调整，将 8 个航空队缩编成 4 个航空队。1932 年 9 月 1 日，军政部原在南京开办的航空学校扩编为中央航空学校。

中央航空学校直属国民政府军事委员会，军事委员会委员长蒋介石自兼校长，副校长毛帮初负责日常事务。学校由 17 人组成的美国顾问团管理飞行训练。飞行训练分为初、中、高级 3 个阶段，每个阶段训练期约 4 个月、学员飞行 60 小时左右。航校有购自国外的各型飞机 90 余架，初级教练机使用弗里特 -5 型、中级教练机使用道格拉斯 02M-C 型侦察 / 轰炸机，高级教练机使用寇蒂斯霍克 II、寇蒂斯霍克 III 型战斗机和诺斯罗普轻型轰炸机等机种。

1934 年，国民政府又聘请航空顾问团组织指导飞行训练。1935 年 6 月，成立了中央航空学校洛阳分校，由意大利顾问团主持进行初级飞行训练，然后再到杭州进行中、高级飞行训练。1936 年将广州航空学校改为中央航空学校广州分校，进行初级飞行训练。

中央航空学校除飞行员训练外，还担负航空机械人员、轰炸、照相人员的训练。还进行部队老飞行员、指挥员各种高级培训。至 1937 年 5 月，6 年时间里，航空学校培训 6 期，660 余名飞行学员毕业。与南苑、广州等航空学校相比，毕业学员人数、飞行时间、训练质量以及航校组织管理等方面都进步许多。该校毕业的学员，作为空军的主力，在抗日战争中英勇杀敌、屡立战功，不少飞行员血染长空，为国捐躯。

6. 红军根据地遭"围剿"

蒋介石、汪精卫先后发动了"4.12"、"7.15"反革命政变。血的教训让中国共产党认识到没有一支人民的军队就不可能有中国革命的胜利。1927 年，中国共产党领导了南昌起义、秋收起义等武装起义，建立了中国工人、农民自己的武装—中国工农红军，并且建立了数个革命根据

图 4.9

地。在以井冈山为中心的中央根据地，成立了工农苏维埃政权。（图 4.9，中国，南昌起义；图 4.10，古巴，秋收起义）

1930 年年底至 1934 年 10 月，以蒋介石为首的国民党南京政府，对中国工农红军江西中央革命根据地发动了 5 次"围剿"。空军配合地面部队作战，

图 4.10

进行侦察、轰炸，且规模越来越大，共出动飞机 4170 架次。

1930 年 11 月至 12 月底，蒋介石调动 10 万兵力进行第一次"围剿"。第 1、第 3、第 5 航空队克塞型和道格拉斯型飞机共 27 架担任空中侦察和支援地面作战。1931 年 4 月至 5 月，蒋介石调集 20 万兵力进行第 2 次"围剿"，第 1、第 3、第 5 航空队再次出动，担负侦察和轰炸任务。第 1、第 2 次"围剿"遭到失败后，仅仅一个月，蒋介石又调集 30 万大军，并亲自任总司令，于 1931 年 7 月 1 日开始对工农红军中央根据地进行第 3 次"围剿"。这次除第 1、第 3、第 5 航空队外，又增派第 4、第 7 航空队参战，并专门派出 2 架运输机运送伤员。第 3 次"围剿"

再次宣告失败。经过一年多长期准备，蒋介石调集50万大军，于1933年2月发动第4次"围剿"，第3、第4航空队出动侦察机、轰炸机18架协助作战。

鉴于前4次"围剿"失败的教训，1933年10月至1934年10月，蒋介石调集百万大军，采取堡垒新战略，对江西工农红军中央根据地及临近的红军根据地进行第5次大规模"围剿"。这次"围剿"除原驻江西的第3、第4航空队外，又增调第1、第2、第5航空队进驻南昌，集中道格拉斯侦察机、轰炸机51架。南昌行营设航空处，还设有空军指挥部。另外，蒋介石又命令广东的陈济棠，从南路配置广东空军6个航空队，协助作战。这样，蒋介石的空军兵力达到11个航空队，105架飞机。此时，王明的"左"倾机会主义路线占据了统治地位，错误地用阵地战代替游击战和运动战，使蒋介石的战略意图得以实现。在国民党军发起进攻黎川之前，空军第4航空队侦察机已经将红军阵地的堡垒、坑道以及各种防御措施，全部进行了空中照相，使得红军布防情况完全在敌掌握之中，致使黎川县城在短时间内被较少的兵力攻占。

航空学校也参与了镇压"闽变"作战行动。1932年"一·二八"淞沪抗战后，曾经在上海抗击日军的19路军被蒋介石调到福建进行反共内战。在中国共产党抗日主张的影响感召和广大士兵的推动下，1933年11月20日，第19路军将领蔡廷锴、陈铭枢、蒋光鼐等联合国民党内李济深等部分反蒋势力，在福州成立中华共和国人民政府，公开宣布反蒋，并与红军签订抗战反蒋协定。正在江西组织对红军进行第5次"围剿"的蒋介石立即调兵遣将近逼福建，同时责令中央航空学校侦察、轰炸、驱逐3个航空队入闽作战。先是空投劝告书，进而多次出动飞机，对19路军阵地进行大肆轰炸扫射，使得19路军损失惨重。

由于未能打破敌第5次"围剿"，中央红军被迫撤出江西中央革命根据地，开始了举世闻名的二万五千里长征。（图4.11，中国，红军撤出江西根据地；图4.12，中国，红军过草地）

图 4.11

图 4.12

蒋介石又开始对红军

围、追、堵、截。国民党空军航空队转场至云、贵、川等
省配合地面部队"追剿",造成红军伤亡惨重。平江起义
领导人之一、红3军军长黄公略,就是在战斗转移途中遭
空袭中弹牺牲。毛泽东在挽联上书:"广州暴动不死,平
江暴动不死,如今竟牺牲,堪恨大祸从天降;……"(图
4.13,中国,人民军队早期领导人黄公略)

图 4.13

7. 中国工农红军的2架飞机

面对蒋介石的大规模"围剿",中国工农红军在既无空军又无防空兵器的
情况下,组织步兵轻武器英勇抵抗飞机空袭。在第5次反"围剿"中击落2架
飞机,敌4名飞行员丧命。在长征途中,中国工农红军先后在湖南宁远及四川、
甘肃等地区击落5架飞机,敌9名飞行员丧命。

1930年2月16日,一架飞机迫降在鄂豫皖边区宣化店西南的河滩上,当
地赤卫队扣留了飞行员龙文光,俘获了飞机。原来,这是国民政府派遣的一架
克塞式通信联络飞机,由武汉飞往开封,返航途中遇大雾迷航,因油料耗尽而
迫降。红1军副军长徐向前接见了龙文光,并鼓励他参加红军。龙文光是国共
合作时创办的广东航空学校第2期学员,曾到过苏联学习,对共产党和红军有
一定了解,表示愿意参加红军。边区苏维埃政府报请中共中央同意,成立了鄂
豫皖边区苏维埃政府航空局,任命龙文光为局长。

这架飞机转移到边区苏维埃政府所在地新集(今河南新县),经过修理油
漆一新。命名为"列宁"号,这是中国工农红军拥有的第一架飞机。随后,新
集修建了一个机场,附近的紫云区、
金家寨各修建了供飞机起降的简易
机场,成为中国共产党早期的航空
设施。(图4.14,中国,"列宁"号飞
机,陈应明绘)。

龙文光驾驶"列宁"号飞机,飞
往豫南固始、潢川一带进行侦察。

图 4.14

"列宁"号飞到武汉散发传单引起了国民党当局惶恐，国民党《扫荡报》惊呼："共军飞机连日来骚扰潢川、汉口……已通令各地严加防范"。1931年11月7日，中国工农红军第4方面军在鄂东北七里坪成立。半个月后南下围攻黄安，国民政府第69师万余人固守，围困一个月未克。"列宁"号飞机紧急加装了挂弹架，将迫击炮弹捆绑在挂弹架上。12月22日，轰炸了敌方指挥所。黄安守军待援无望，又遭到飞机轰炸，军心动摇，师长率部弃城出逃。红军乘胜追击，生俘500余人，缴枪7000余支，黄安遂告解放。这是中国工农红军第一次使用飞机作战。在蒋介石发动的第4次"围剿"中，红4方面军遭受重大损失，被迫放弃根据地向西转移。"列宁"号飞机无法转移，只好拆散埋藏在大别山中。龙文光离队后，1932年在武汉被国民党当局逮捕杀害。

1932年4月20日，红1军团攻占福建漳州，缴获一架国民政府的飞机。这是一架摩斯（"飞蛾"）型通信侦察机，被红军击伤停在漳州机场，飞行员流血过多死亡。军团长林彪、政委聂荣臻指示供给部迅速修复，并命名为"马克思"号。五一劳动节庆祝大会上，学过飞行的冯达飞驾驶"马克思"号飞机在

图 4.15

福州上空散发传单，以扩大红军的影响。"马克思"号轰炸过赣州基地（图4.15，利比亚，德·哈维兰DH-60飞蛾式飞机）。中央苏区得知红1军团缴获飞机的消息，特地在瑞金叶坪修建了一个机场，"马克思"号飞机由漳州转移至瑞金。但是，后因战事紧张，油料、器材接济不上，红军的第2架飞机也废弃了。

8．海军航空兵的雏形

第一次世界大战期间，飞机在海战中崭露头角，世界首次出现海军航空兵。1918年2月，中国海军飞潜学校在福州马尾建立，这是中国第一所培养航空、潜艇工程人才的学校。海外留学归来的巴玉藻、王助、王孝丰、曾贻经担任航空工程教官，人称"海军航空四杰"。

中国水上飞机执行作战任务，始于孙中山指挥讨伐桂系军阀。1920年9月

26 日，由杨仙逸等驾驶水上飞机 2 架从虎门水面起飞，在月夜掩护下悄悄飞抵越秀山，轰炸了桂系军阀根据地中心广东督军署。这是中国飞机第一次夜间轰炸行动。（图 4.16，澳门特区，水上飞机）

图 4.16

1919—1930 年间，中国第一所正规的飞机制造厂——上海海军飞机工程处，先后制造成功各型水上飞机 14 架。1919 年 8 月，中国第一架海军飞机—甲型水上教练机试制成功。1933—1934 年，仿照日本爱知型水上侦察机（图 4.17，日本明信片，水上侦察机），为"宁海"号巡洋舰设计制造了中国第一架舰用单座双桴折叠翼侦察机——"宁海二号"。该机用吊具吊装上下舰，在海上起飞、降落。

图 4.17

1926 年 2 月，奉军在秦皇岛成立海防训练队，组建一支水面飞机队，后这支飞机队移驻青岛。1927 年国民政府定都南京后，先后成立了国民政府海军航空处、海军飞机工程处（海军制造飞机处，巴玉藻任处长）、上海海军总司令部飞机处（王助任处长）、福州马尾海军制造飞机处、厦门海军航空处等机构，从事水上飞机的制造和飞行员的训练。南京政府最初成立的 3 支航空队中，就有一支是水面飞机队。到 1936 年 2 月，国民政府海军部共有水上飞机 15 架，其中厦门海军航空处水上飞机 10 架，上海海军制造飞机处 3 架，"宁海"号巡洋舰上有"宁海二号"侦察机 2 架。但是，几十年来始终没能组建起一支能够独立作战的海军航空兵部队。抗日战争爆发之后，中国海军名存实亡，仅有的十几架水上飞机也损失殆尽。

9. 自办沪蓉航空线管理处

1929 年发生世界性经济危机，欧美各国的航空运输企业都企图开拓和扩大欧亚空中航线。在各国兴办航空运输业的形势推动下，交通部于 1930 年设立

航空筹备委员会，下设沪蓉航空线管理处。该处是一个经营实体，聂开一兼任主任。交通部从当年邮政经费预算中专列航空邮递经费60万元，购买美国史汀生型上单翼小型客机4架，聘请外籍飞机师2名，机械员1名，中国籍飞机师3名、机械人员9名，准备经营沪蓉航线，即上海—南京—汉口—宜昌—重庆—成都。先后在上海、南京、汉口等地设立飞机场5处，在南京明故宫机场、上海虹桥机场搭盖临时飞机棚厂。1929年7月8日，沪蓉航线上海—南京段首航，中午12时美籍飞机师驾机从上海起飞，乘坐飞机的有聂开一等人。下午17时30分，飞机从南京飞回上海虹桥机场，中国自己经营的沪宁航空线首航顺利。可是

开航后，飞飞停停很不正常。开航一年仅载运旅客1477人次，邮件20多千克。（图4.18，中国首航封，上海－南京、销上海1929年7月8日戳、"交通部创办邮递航空纪念"戳）

图 4.18

为适应变化了的形势，1929年7月5日，发行了第2版航空邮票，仍为1套5枚，由北京财政部印刷局印刷。其图案与1版基本相同，只是飞机尾翼的"五色旗"换成了"青天白日"徽。（图4.19、图4.20，1929年，第2套航空邮

图 4.19

图 4.20

票与第 1 套航空邮票的区别 ）

1929 年 10 月，管理处多次组织从上海至汉口航线的试航，但是苦于乘客少等原因，始终未能正式开航。1930 年 8 月 1 日，调整后的中美合办的中国航空公司成立。仅开航一年的沪蓉管理处奉命并入该公司。与此同时，美国和德国民航资本乘虚而入，抢占中国航空运输市场；日本则明火执仗的在东三省兴办航空运输业，为鲸吞中国做准备。

10．早期的中国航空公司

为了打入中国航空运输市场，美国寇蒂斯·莱特飞机公司于 1928 年成立了子公司——航空开拓公司，并派专人与国民政府铁道部长孙科谈判。4 月 17 日，孙科以筹建中的中国航空公司理事长的身份与美国航空开拓公司代表签订合同，成立中美合营的中国航空公司，额定资本 1000 万美元，中方股权仅为 40%。合同规定，美国航空开拓公司取得开办经营上海—南京—汉口、南京—徐州—济南—天津—北平、汉口—长沙—广州 3 条航线的专利权。1929 年 5 月 1 日，中国航空公司正式成立。10 月 21 日，上海—汉口航线开航，上午 8 时，美籍飞行员驾驶洛宁型水陆两用飞机从上海龙华黄浦江水面起飞，孙科等人乘坐首航班机，10 时飞机飞抵南京，稍作停留即起飞，于 15 时抵达汉口。另一架飞机于当日 10 时从汉口起飞，17 时降落于上海龙华机场。2 架飞机都携带了邮件。（图 4.21，密克罗尼西亚，洛宁型水陆两用飞机和设计师格罗弗洛宁；图 4.22，上海至武汉首航封，1929 年 10 月 21 日 ）

图 4.21

该航线仅仅开通一个星期。10 月 28 日，美国航空开拓公司竟将全部权益转让给了美商经营的中国飞运公司。这种无视中国主权的做法，引起了各界人士的愤慨，上海邮政工会

图 4.22

组织了示威大罢工，迫于形势，孙科辞去理事长职务。经过 3 个多月的交涉废除了旧合同，又签订了新合同。就这样，短命的中国航空公司，仅仅运营 9 个月，运载旅客 211 人，邮件 3560 千克，即在一片唾骂声中终止了。

11. 中美合营中国航空公司

1930 年 7 月 18 日，国民政府行政院又正式批准交通部与美商经营的中国飞运公司签订的新合同，由前中国航空公司、沪蓉航空线管理处和中国飞运公司合并组成一个新的航空机构，仍沿用中国航空公司名称。公司资本总额 1000 万美元，中方股份 55%，美方股份 45%。

中国航空公司开始只有洛宁型和史汀生型小型飞机 11 架，由于飞机载重只有 700 千克左右，初期仅以运载邮件为主。为了适应航线不断开通和客运

图 4.23

量不断增加的需要，公司购进了 2 架美国道格拉斯 DC-2 型飞机。到 1936 年底，公司拥有各型飞机 16 架，正副驾驶 24 人，其中中国正驾驶 4 人。从 1930 年 8 月 1 日开航至 1933 年，中国航空公司先后开通了沪蓉、京沪、沪粤航线。（图 4.23，萨摩亚，中国航空公司使用的 14 座 DC-2 客机）

1930 年 8 月 1 日至 1931 年 10 月 21 日，逐渐开通上海经南京、九江、汉口、宜昌、万县、重庆至成都的沪蓉航线。（图 4.24，中国航空公司、上海至重庆航线航空实寄封；图 4.25，中国航空公司行李牌、徽志）

1931 年 4 月 15 日，自南京经徐州、济南、天津至北平的京沪线正式开航。1933 年 1 月 10 日，航线改为上海—南京—徐州—青岛—天津—北平，从 2 月 1 日起正式载客。

图 4.24

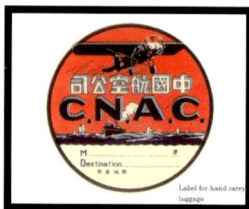

图 4.25

为适应航

空邮政的发展需要，1932 年 8 月 29 日至 1937年 6 月 9 日，中华民国邮政发行第 3 套航空邮票，全套同图案共 10 枚（图 4.26）。

图 4.26

1933 年 10 月 24 日，自上海经温州、福州、厦门、汕头至广州的航线正式开航，而后因为发生 2 次事故停航半年，1934年 11 月 10 日复航。（图 4.27，中国航空公司、上海—广州首航封、航线图）

图 4.27

1935 年 4 月 28 日，重庆至贵阳航段开通。5 月 4 日，重庆—贵阳—昆明航线全线开通。

这些航线的开通，不仅对于运送旅客、邮件发挥了重要作用。在 1932 年"一·二八淞沪抗战"与 1936 年"西安事变"期间都发挥了不可替代的作用。

图 4.28

1933 年 4 月，美国飞运公司将全部股权转让给了美国泛美航空公司，中国航空公司实际上成为泛美航空公司的子公司。为了同英国海外航空公司的远东航线以及泛美航空公司的太平洋航线在香港实现联运，1936 年中国航空公司将航线延伸到香港，使中国同英国、美国之间的联运航程分别缩短了 10天和 8 天。（图 4.28、图 4.29，美国，泛美航空公司使用的马丁 M–130"中国飞剪"号水上飞机；图 4.30，中美首航封，1937年 4 月 26 日上海寄美国）

图 4.29

1936 年末，中国航空公司航线里程已达 5151 千米，旅客、货物、邮件运量分别比开办初期增加近 7.3

图 4.30

倍、3.8 倍、2.3 倍，年营业收入由 90 多万元增加到 300 万元。在国内各航空公司中处于领先地位。

12. 中德合办欧亚航空公司

一战中战败的德国，受《凡尔赛条约》的制约不得生产军用飞机。德国采取藏军于民的手法暗中发展民用航空运输，积极寻求海外扩张。1926 年起，德国最大的汉莎航空公司，多次组织飞机进行从柏林经莫斯科到中国的分段试验飞行。

图 4.31

图 4.32

（图 4.31、图 4.32，德国，汉莎航空公司 25 周年）

1930 年 2 月，汉莎航空公司与中国交通部确定了《欧亚航空邮运合同》，规定双方共同组织欧亚航空公司以经营欧亚两大洲的航空邮运，总资本额 300 万元，中方占 2/3。1931 年 2 月 1 日，中德合办的欧亚航空公司正式成立，5 月 1 日"沪满"航线正式开航。（图 4.33，欧亚航空公司试航封；图 4.34，欧亚航空公司首航封）

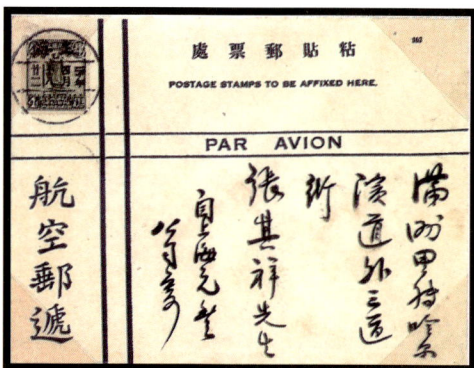

图 4.33

图 4.34

欧亚航空公司主要经营从中国经苏联前往欧洲各国的 3 条航线。沪满航线，上海—南京—济南—北平—林西—满洲里；沪新航线，上海—南京—洛阳—西安—兰州—肃川（今酒泉）—迪化（今乌鲁木齐）—塔城；沪库航线，上海—南京—天津—北平—库仑。

从开航起，欧亚航空公司就历

图 4.35

尽波折，最终也没能实现贯通欧亚两大洲空运航线的目的。首先开航的沪满航线，是相对容易经营的航线，正式开航后，每个星期往返飞行2次。可是，开航不到3个月就发生了"九·一八"事变，不得不停航。由于种种原因，沪库航线始终没有通航。沪新航线全程4050千米，地形险要，气候恶劣，需要飞越高原、沙漠，在3条航线中遇到困难最多。1932年4月，公司先开通了上海至西安航段，5月延伸到了兰州，直到次年5月才飞抵迪化。7月，迪化至塔城试飞成功，恰遇新疆发生战乱未能通航。沪新航线只能在上海至兰州间飞行。（图4.35，欧亚航空公司首航封、南京—西安、1932年4月1日）

国际航线屡屡受挫，欧亚航空公司开始调整战略，将经营目标转向中国国内新航线。1934年5月，开辟了北平—太原—洛阳—汉口—长沙—广州航线；6月，开辟了兰州—银川航线，逐步延伸到包头直至北平。1935年9月，欧亚公司开通西安—成都航线，次年延伸到昆明。至1936年底，欧亚公司经营航线已达7600千米，但是定期航班少，飞行也不正常。1937年初，北平—广州航线延伸到香港，与英国帝国航空公司香港—伦敦航线衔接。

1931—1937年，中国航空公司和欧亚航空公司经营航线总里程已经达到1.36万千米，以南京、上海为中心，形成了沟通国内主要城市的航空线。期间，两大航空公司共运载旅客9万多人、货物787吨、邮件525吨，欧亚航空公司占旅客的30.6%、货物的79.7%、邮件的35.6%。这得益于欧亚航空公司使用了载重量更大的德国容克F-13、W-33、W-34和JU52型等客机。（图4.36，中国，欧亚航空公司营运航线示意图；图4.37，密克罗尼西

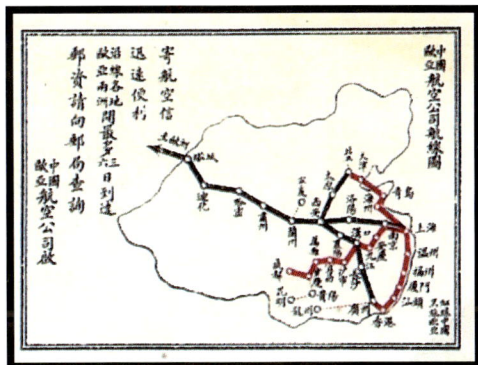

图 4.36

图 4.37

图 4.38

图 4.39

图 4.40

亚，德国著名飞机设计师胡果·容克斯和 JU-52 客机；图 4.38，德国，世界第一种全金属民用客机——容克 F-13；图 4.39，德国，JU-52 客机）

正当国民政府兴办中航和欧亚两大公司的同时，两广地方政府为扩充航空实力，牵制其在两广地区的扩张，曾经开辟了两省内的地方航线，并联合云南、贵州、福建兴办西南航空公司，开辟了西南各省之间的航线。1936 年 7 月 10 日，开通了广州至越南河内的国际航线。但是由于亏损严重，加之政局动荡，西南航空公司于 1937 年 7 月停办。（图 4.40，格恩济，DC-3 运输机；图 4.41，西南航空公司首航封）

图 4.41

13. 起步中的航空工业

中国的航空工业始于飞机修理业，继而到飞机装配与仿制，最后发展到研究制造飞机。

1913 年，北洋政府在筹备南苑航空学校同时，购买了修理工厂的设备和器材，建立了中国第一个飞机修理厂。1920 年北洋政府又在北京建立了清河修理厂。自 1919 年起军阀混战，各地军阀先后办起了各自的飞机修理工厂。较大的有 1920 年建成的广州大沙头飞机修理厂、1922 年建成的东北飞机修理厂和云南飞机修理厂、1923 年建成的太原飞机修理厂和 1931 年建成的广西航空学校修理厂。保定和济南也建立过飞机修理厂。

南京国民政府成立以后，先后建立了上海虹桥航空工厂、南京首都航空工厂、杭州笕桥航空学校修理厂、武昌南湖修理厂。这些工厂规模不大，多数只能进行简单修理、更换零部件，有的修理厂也仿制和自制了一些飞机。继 1914 年南苑航空学校修理厂厂长潘世忠自行制造了第一架武装飞机之后，1929 年上海虹桥航空工厂饶国璋等制成"成功" 1 号飞机。

广州飞机修理厂　广州地方当局开办的广州飞机修理厂是中国早期制造飞机的第二个工厂。"乐士文"号飞机是该厂 1923 年 6 月仿制而成的。1927 年起，设计制造"羊城"号教练机、驱逐机、轰炸机 60 余架，陆续装备部队和航空学校使用。在结构上，采用铝合金骨架，驱逐机采用硬铝方管做翼梁。

1932 年 5 月，南京首都航空工厂田培业、朱家仁、桥刚等设计制造了 1 架双座轻型轰炸机"巴乔"号，后改为"爪哇"号。该机重达 2363 千克，时速 241 千米，最大升限 5285 米，最大航程 2414 千米，装 2 挺机枪 2000 发子弹和 182 千克炸弹，是当时中国制造的最大的飞机。

1932 年 2 月，在山东省政府资助下，朱家仁设计并监督制造 1 架双翼教练机"苏州"号，试飞成功。

广西航空学校修理厂
1932—1936 年广西航空学校修理厂先后仿制英国阿维安型、卡迪型和阿弗罗–626 型等大小飞机 30 多架，厂长朱荣璋参考美

图 4.42

图 4.43

国波音 P–12 型飞机试制成功 265 马力单座驱逐机 1 架。（图 4.42，新西兰，阿弗罗 626 型双翼机；图 4.43，密克罗尼西亚，阿弗罗公司创始人）

韶关飞机制造厂　1934 年，广东空军与美国寇蒂斯·莱特飞机公司合办韶关飞机修理厂。1936 年 5 月，第一架自己设计制造的飞机"复兴"号出厂。

图 4.44

图 4.45

同时组装了 11 架波音 P-26A 单翼战斗机。1936 年国民政府接管后，更名为韶关飞机制造厂，到 1937 年 8 月，又制造"复兴"号飞机 4 架、仿制霍克 III 型飞机 4 架。（图 4.44，菲律宾正在与日军进行空战的波音 P-26 飞机；图 4.45，中国，"复兴"式教练机、陈应明绘）

中央杭州飞机制造厂　1934 年 2 月，南京国民政府中央信托局与美国合资兴办中央杭州飞机制造厂，中方任董事长，美方派经理，王助出任首任监理。开办初期，承担中央航空学校飞机的修理和飞机的装配任务。仿制了诺斯

图 4.46

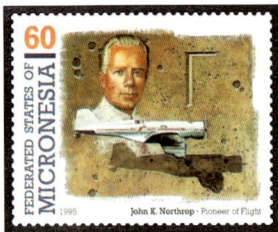

图 4.47

罗普 -2E 型全金属轻型轰炸机 25 架，组装生产道格拉斯侦察机 30 架、轰炸机 20 架。在杭州期间大修、组装飞机 235 架。年生产能力由初期的 60 架提高到 100 架。（图 4.46，密克罗尼西亚，道格拉斯和他设计的著名的 DC-3 客机；图 4.47，诺斯罗普和他设计的飞机；图 4.48，摩纳哥，环球飞行的道格拉斯轰炸机）

中央南昌飞机制造厂　1935 年 1 月，南京国民政府行政院与意大利 4 家公司合资兴办南昌飞机制造厂。该厂规模较大，办公楼 1 座、主厂房 8 座，总装

图 4.48

厂房面积五千多平方米。1937年4月开始制造装配飞机，先制造布瑞达25型教练机15架，后来开始装配大型的萨伏亚S-81型双发轰炸机6架。1937年秋，许多正在装配中的萨伏亚飞机、布瑞达飞机半成品遭到日军飞机轰炸，工厂全部被毁。

虽然在外国资本的支持和控制下，中国已经兴办了几个飞机工厂，并且已经初具规模，但由于当时中国基础工业特别是机械工业落后，制造飞机所需的主要部件如发动机、螺旋桨、起落架、座舱设备以及重要的原材料，都要依靠从外国进口，加之航空工程教育滞后，航空研究设施简陋，不具备研制高水平新机种的能力和手段，这几家工厂只能是从属于外国资本，成为推销外国产品的附庸。当时中国使用的飞机，不论军用民用，绝大部分是从国外购买。

14. 中国飞行员的长途飞行

一次世界大战以后，世界航空事业得到长足发展，航空制造技术不断提高，飞机性能不断改善，新型飞机不断出现，西方国家不断刷新长途飞行的新纪录。

图 4.49

1919年6月14—15日，英国飞行员阿尔科克和布朗驾驶维克斯·维米轰炸机第一次不着陆从东向西飞越北大西洋，航程3032千米（图4.49，英国，《每日周报》刊登飞越大西洋消息；图4.50，匈牙利，阿尔科克和布朗及维米轰炸机）。1919年11月12日—12月10日，澳大利亚史密斯兄弟驾驶维克斯·维米飞机，从英国飞到澳大利亚，航程达18170千米（图4.51，澳大利亚，史密斯兄弟和维克斯·维米飞机）

图 4.50

1927年5月20—21日，美国飞行员林白单人驾驶"圣路易精神"号飞机，首次实现从纽约起飞跨越北大西洋到巴黎不着陆飞行，航程达5778千米。（图4.52，萨摩亚，林白和"圣路易精神"号飞机；图4.53，美国，飞越北大

图 4.51

图 4.52

图 4.53

图 4.54

图 4.55

西洋的"圣路易精神"号飞机）

　　1928 年 5 月 31 日 — 6 月 9 日，美国飞行员史密斯和厄尔姆驾驶福克型"南十字"号飞机，从美国奥克兰起飞，途经夏威夷、斐济到达澳大利亚，首次实现横跨太平洋的飞行。（图 4.54，澳大利亚，史密斯和"南十字星"号飞机；图 4.55，新西兰，"南十字星"号飞机）

　　这些举世轰动的事件无疑对国内航空界产生重大影响，中国也出现了一些大胆而有益的尝试。

　　首次全国长途飞行　为普及航空知识，激发航空兴趣，宣传航空作用，国民革命军组织了一次全国长途飞行。为此，从美国购进瑞安飞机公司的 2 架 NYP-2 型 5 座上单翼民用飞机。NYP-2 型飞机是林白飞越大西洋所使用的"圣路易精神"号飞机的改进型。经过国内改装和多次试飞，其中一架为陆上型，定名"广州"号；另一架为水上型，定名"珠江"号。（图 4.56，美国，美国瑞安公司的 NYP 型飞机）

图 4.56

　　1928 年 11 月 11 日 8 时 15 分，航空处长张惠长率杨官宇、黄毓沛和机械师杨标，驾驶"广州"号飞机从大沙头机场起飞，空中飞行 6 个小时，航程 800 千米，于 14 时 30 分安全降落在汉口机场。11 月 15 日，"广州"号由汉口直飞南京明故宫机场，受到党政军要员及各界代表数百人的欢迎。17 日，南京 5 万人聚会欢迎，反映出当时国人对航空的认知和渴求。11 月 20 日"广州"号由南京飞到北平。11 月 26 日由北平飞到奉天（今沈阳），受到以张学良为首的各界人士的欢迎。12月1日，"广州"号飞机沿奉天—天津—上海航线飞行，于12月4日抵达上海。12月17日9时，"广州"号携带纪念长途飞行的邮件回航广州。因为天气原因，中途在南昌降落停留，次日14时安全降落广州大沙头机场。全程历时38天，飞行49小时，航程5250千米的长途飞行圆满完成，首创中国长途飞行纪录（图4.57，中国，"广州"号飞机携带的纪念封、上海—广州；图4.58，中国，"广州"号飞机）。

图 4.57

在"广州"号到达上海后，12月8日，由中国航空协进会续办第2次全国长途飞行。由陈庆云率黄光锐、周宝衡和机械师梁庆铨驾驶"珠江"号飞机沿海岸线北飞，经汕头、福州、杭州、宁波直达上海与"广州"号会合。然后，于12月20日向西南方向飞行，经汉口、长沙、桂林、梧州，于30日返回广州。飞行全程3560千米，向"广州"号未到之处展示了航空器的魅力，同样受到了热烈欢迎。

图 4.58

1929年夏，云南革命军空军司令刘沛泉，驾驶轻型水上飞机"金马"号从广州飞至杭州，为杭州西湖博览会进行飞行表演，宣传造势。同时，在浙江全省进行环绕飞行。（图4.59，"金马"号西湖博览会飞行纪念封、盖"国民革命讨逆军第十路航空司令部金马号航空邮件"、

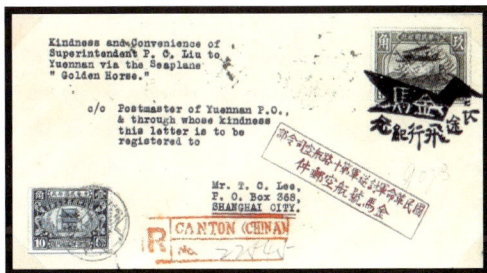

图 4.59

图 4.60

图 4.61

"金马长途飞行纪念"戳；图 4.60，西湖博览会纪念封）

上述长途飞行活动，范围广、时间长，广泛宣传普及了航空知识，在社会各界印象深刻，影响深远。

首次洲际长途飞行 1929 年 3 月 13 日至 5 月 12 日，中国飞行员陈文麟驾驶英制阿弗罗 581E 阿维安型双翼轻型飞机（图 4.61，南非，阿弗罗 504 飞机，阿弗罗 581E 是其发展型），从英国起飞，途经德国、比利时、法国、希腊、波斯（今伊朗）、印度、暹罗（今泰国）、越南等国家和地区，最后飞抵福建厦门，全程 1.5 万千米。陈文麟成为中国第一位单独驾机完成洲际长途飞行的飞行员。

陈文麟是福建福州人，1922 年受当地政府派遣去德国学习军事，后转入德国汉堡学习飞行，1928 年毕业后回厦门。受海军部委托去英国购买飞机，陈文麟选择了一架命名为"厦门"号的飞机并单独驾机回国。海军部任命陈文麟为厦门海军航空处处长。1933 年 7 月，海军航空处机械科科长潘鼎新设计制造了"江鹊"号双翼双座教练机。17 日，陈文麟和潘鼎新驾驶这架新飞机从厦门起飞，经福州、杭州、南京到上海。在上海更换上 100 马力大发动机后，9 月 11 日出发，继续飞往南京、徐州、天津、北平、保定、石家庄、彰德（今安阳）、郑州、驻马店、汉口店，再返南京、上海。10 月 20 日，从上海起飞，经杭州、福州，于 22 日返回厦门，完成了 3 个月的国内长途飞行。这是中国飞行员首次驾驶国产飞机长途飞行，这次飞行的实践考验也证明"江鹊"号教练机的飞行性能不亚于当时国外同类型飞机。

驾驶运动飞机洲际长途飞行 1933 年，在德国学习航空的孙桐岗自购一架德制克莱姆－32 型双座下单翼固定起落架的运动飞机，自己命名为"航空救国"号，以表达对孙中山航空救国思想的拥护。6 月 26 日，孙桐岗驾驶"航空救国"号飞机从德国福尔特城起飞，途经奥地利、匈牙利、保加利亚、捷克斯洛伐克、土耳其、叙利亚、波斯（今伊朗）、印度、缅甸、暹罗（今泰国）、越南等国，7月22日飞到广州，23日飞到长沙，24日飞抵南京。此次飞行历时29天，全程1.2万千米，空中飞行130小时。

　　孙桐岗驾驶的是一架运动飞机，仅1台90马力的发动机，飞行时速175千米。飞机没有夜航设备，飞行中险象环生，多次遇到恶劣天气，多次被迫降落。飞到印度孟买上空突遇倾盆大雨，这对于没有座舱盖的开敞式运动飞机无异于灭顶之灾，飞机被迫降落在一个小山坡上，经过5个小时的修理，连夜冒险飞抵加尔各答，在机场受到华侨和当地上千人的热烈欢迎。孙桐岗回国后被新闻界誉为"东方林白"。他驾驶"航空救国"号运动飞机飞往各地宣传"航空救国"思想，号召捐献飞机。1935年4月，他被选派去意大利学习军事航空技术，次年5月学成回国，担任中国空军第2大队副大队长，参加过"淞沪战役"等多次空中作战行动。（图4.62，航空协进会制发，"航空救国"纪念券）

图 4.62

环欧亚大陆长途飞行　在爪哇经商的华侨许基新酷爱航空，技术娴熟。1934年11月，许基新驾驶华侨胡劳云设计制造的一架下单翼双发飞机，从印度尼西亚雅加达出发进行环欧亚大陆的分段飞行。先后经过新加坡、曼谷、仰光、巴格达、伊斯坦布尔、布达佩斯、阿姆斯特丹到达伦敦。然后飞返雅加达，全程累计飞行147小时。

五

抗战烽火　蓝天搏击

1937 年 7 月 7 日，日本帝国主义制造了蓄谋已久的卢沟桥事件，开始了全面侵华战争。全中国人民奋起抵抗，开始了历时 8 年的抗日战争。在抗击日军作战中，中国空军成为一支重要作战力量，官兵英勇作战，为抗战胜利发挥了重要作用，多少空中勇士以身殉国，可歌可泣，永载中华民族史册。（图 5.1，中国，抗日战争 15 周年纪念 卢沟桥风云）

图 5.1

抗战胜利后，蒋介石违背全国人民和平统一的愿望，悍然挑起内战，国民党空军沦为蒋介石内战的工具。中国共产党顺应历史潮流，领导人民解放军和人民群众，开始了解放战争。经过辽沈、平津、淮海战役和渡江战役，直到解放南京、上海，给予国民党蒋介石的进攻以毁灭性的反击，蒋介石及其残余被迫逃往了台湾岛。

1．敌强我弱的空中力量

卢沟桥事变后，日军凭借其强大的军事、经济实力，集中了大规模的陆军和海军部队，采取速战速决的战略方针，狂妄叫嚣三个月消灭中国。日本侵华的主要空中力量是配属于陆军和海军的航空兵，至 1937 年 8 月 14 日，日本用于侵华的航空兵力：陆军航空兵 29 个中队，各型飞机约 300 架；海军航空兵 7 个航空队，3 艘航空母舰、5 艘水上飞机母舰，各型飞机约 550 架。日本国内工业基础雄厚，能够生产各种飞机和航空装备，作战消耗能够得到及时有效补

图 5.2　　　　　　图 5.3　　　　　　图 5.4　　　　　　图 5.5

充，保证持续的空战能力。（图 5.2—图 5.5，日本，日本飞机和飞行员）

日军 96 式战斗机、轰炸机时速高、性能好，是袭击轰炸南京、杭州、南昌的主力。1937 年又研制装备了性能优越的 97 式战斗机，进一步提升了战力。同时日空军配备的通信、导航、空中照相等设备也比较先进，侦察机能为战役、战术行动提供有效情报。（图 5.6、图 5.7，日本，日本重轰炸机、侦察机）

图 5.6

1937 年抗日战争全面爆发前，中国各地区、各派系的航空队刚刚统一于国民政府领导之下，兵力不足，训练薄弱，飞机及航空装备几乎完全依赖

图 5.7

进口。空军仅飞行人员 620 余人，编轰炸、驱逐 2 个飞行总队，下辖 10 个大队 35 个中队。有各型飞机 600 多架，其中能作战的飞机仅 305 架，主要机型是霍克 2（寇蒂斯 F11C）单发双翼机、霍克 3（寇蒂斯 BF2C）单发双翼机、波音 –218 战斗机、诺斯罗普 –2E 轻型轰炸机、卡普罗尼轻型轰炸机、马丁 –139WC 轰炸机和雪莱克 A–12 攻击机（图 5.8，美国，马丁 –130M 飞机；图 5.9，卡普罗尼轻型轰

图 5.8

图 5.9   图 5.10   图 5.11

炸机；图 5.10，马绍尔群岛，美国马丁 139WC 即 B-10 轰炸机；图 5.11，美国，美国波音 247 飞机）。当时中国空军勤务保障能力不足，飞机装备得不到及时修理和补充，作战实力受到极大影响。

抗日战争期间，中国空军机构进行了多次调整。航空委员会下设空军前敌总指挥部，后改组空军各军区司令部，成立 5 个空军司令部及轰炸、驱逐 2 个总队。南京、武汉先后失守，航空委员会由南京先后迁往武汉、衡阳、贵州、成都。各路空军司令部成立以后，形成了比较完整的作战体系。空军部队在抗日作战中，与入侵的日军展开殊死搏斗，在抗战最初阶段，中国空军一度处于主动地位。

2. "八一四"首战告捷

1937 年 8 月 13 日，侵华日军重兵向上海发动进攻。14 日，中国空军第 4 大队奉调参战紧急转场，机群飞到杭州笕桥机场上空正准备着陆，突然遭到日军 11 架三菱 G3M 96 式轰炸机袭击。大队长高志航毅然率余油不多的 3 个中队 27 架飞机升空迎战。高志航驾霍克Ⅲ式战斗轰炸机在分队长谭文配合下击落日

图 5.12

机一架，中队长李桂丹和僚机击落敌机一架。在蚕桑学校上空的郑少愚击落第 3 架敌机。其余敌机仓皇逃窜。空战 30 分钟，取得对日空战 3∶0 的辉煌战绩，打破了日本空军不可战胜的神话。国民政府确定 8 月 14 日为空军节（图 5.12，中国，"八一四"

空战霍克Ⅲ飞机痛歼敌机、陈应明绘）。

日军不甘心杭州上空的惨败，进行大规模报复。15日，分别对我国南昌机场、南京大校场机场和明故宫机场进行袭击。日海军"加贺"号航空母舰上的轰炸机、攻击机飞往笕桥、嘉兴机场进行轰炸。中国空军第4大队从笕桥机场起飞霍克Ⅲ型战斗轰炸机21架迎战。霍克Ⅲ型战斗轰炸机是1935年从美国进口，起飞以后起落架可以收起，提高了空中机动性。（图5.13、图5.14，马绍尔，霍克Ⅲ型飞机的前期型号TS-1型、NC-4）大队长高志航击落敌机2架，分队长乐以琴先后击中敌机4架。中国空军共击落敌

图5.13　　　　　　　图5.14

机13架（一说12架），日军再次遭到沉重打击。袭击南京的日本海军航空队也遭到中国空军和地面高射炮火的拦截，被击落飞机5架、击伤6架。日军承认此战损失飞机10架，阵亡飞行员20人。8月16日，句容上空中日激战，击落敌机3架。袭击苏州的日军航空队飞机被我军击落1架。在3天的空战中，日本海军号称"虎之子"的第一联合航空队38架新型96式攻击机竟损失18架，日军极为

图5.15

震惊，鹿屋航空队队长石井义独自走到山上剖腹自杀，成为日本军国主义的殉葬品（图5.15，中国台湾，抗日英雄高志航烈士）。

8月15日至9月下旬，中日两军为争夺南京、上海、杭州地区制空权，展开了激烈空战。

8月16日起，我空军配合地面部队每天主动出击，轰炸日军在虹口的阵地和黄浦江中的军舰，同时抗击日地面陆军进攻。涌现出许多奋勇杀敌，视死如归，以身报国的空中英雄。

8月17日，原籍东北的飞行员阎海文奉命驾驶"霍克Ⅲ"驱逐机轰炸侵占上海虹口的日本海军陆战队司令部。返航途中被日军炮火击中，跳伞后不幸落

图 5.16

入敌阵，阎海文拔出自卫手枪，击毙敌 5 人后，以最后一颗子弹自杀殉国。阎海文曾说："我是一个流亡者，我要打回老家去，要为东北 3000 万同胞复仇"。（图 5.16，中国台湾，抗日英雄阎海文烈士）

8 月 19 日，年轻的分队长沈崇海和轰炸员陈锡纯驾驶"诺斯罗普"轻型轰炸机轰炸佘山海面日军军舰，因飞机发生故障掉队，但他们杀敌心切，没有跳伞，而是共同驾驶飞机从 2000 米的高度直冲日军旗舰，一声巨响，与敌舰同归于尽。（图 5.17、图 5.18，中国，抗日英雄沈崇海、陈锡纯）

图 5.17

图 5.18

日本军国主义推行武士道精神，进行法西斯训练，通过各种技术竞赛评选出 4 名最先进的飞行员，称"四大天王"。可是这"四大天王"在中国的空战中却异常短命，在侵华战争不到一年时间里全部毙命。其中 3 位被我空军飞行员击中、击落丧命；另一位日海军第 13 航空队分队长山下七郎大尉，空袭南京时被我军飞行员击落后俘获，在关押期间他搜集情报、组织越狱，被判处死刑。

抗战初期，中国空军是在面对强敌，敌优我劣，没有外援的情况下进行独立作战且一度占据主动地位。但是经过 3 个多月作战，因为我军地面作战失利，日军占据了淞沪地区，有了前进机场，战场形势发生逆转。日军飞机虽然被我击落击毁 230 架（包括高炮击落敌机和陆军袭击日军机场击毁敌机。其中，八路军 129 师一个营夜袭阳明堡机场击毁敌机 24 架），毙命飞行员 327 人。但是，由于补充及时，反而飞机越战越多，由初期的 250 架，增加到 400 架，后来达到 800 架之多。我空军人员、飞机得不到补充，由开战之初 305 架，到战役后期连同待修理飞机仅剩下 81 架。至 1937 年 11 月，中国空军主力折损惨重，可用于作战的飞机只剩下 30 架左右，基本失去作战能力，制空权几乎全部在日军手中。

3. 苏联志愿航空队

抗日战争初期，西方国家尚未对日宣战，拒绝卖给中国飞机。1937 年 8 月 21 日，中苏两国正式签订《互不侵犯条约》。抗日战争关键时期，在英、美等国采取中立的情况下，苏联政府决定向中国提供紧急贷款和军事援助，并决定派遣军事专家和志愿航空队参加中国抗日战争。苏联政府向中国提供了先进的飞机和航空装备，并派遣空军志愿队来华助战。第一批苏联志愿航空队由 254 名飞行员和机务人员组成，1937 年 10 月，由普罗科菲耶夫带队驾 23 架伊 –16 战斗机来华。到 1941 年来中国参加过对日作战的苏联志愿人员总兵力为战斗机、轰炸机各 4 个大队达 3665 人，伊 –15、伊 –16 战斗机、图 –2 轰炸机等各型飞机 1250 架。（图 5.19，苏联，伊 –16；图 5.20，苏联，图 –2 轰炸机）苏联志愿航空队以汉口、南昌机场为中心基地，参加过保卫武汉、南昌、重庆等地的空战，还远程轰炸当时被日本占领的台湾，直接参加空战 50 余次，有力地打击了日军嚣张气焰。

图 5.19

1938 年 2 月 23 日，中苏航空队联合袭击日军鹿屋航空队的前进基地台湾松山机场。苏联志愿航空队由大队长波雷宁大尉率队从汉口起飞，在严重缺氧的 5500 米高度出航，隐蔽飞行，突然出现在毫无准备的松山机场，未遇战斗机升空拦截，也无地面炮火阻击。波雷宁带头俯冲投弹，28 架轰炸机 280 枚炸弹全部倾斜到松山机场，整个机场成了一片火海。顿时，机场上停放 2 排 40 架飞机、油罐车、机库及未启封的包装箱燃起熊熊大火。（图 5.21，中国，苏联援华航空队伊尔 –16 飞机歼击日机、陈应明绘）

图 5.20

图 5.21

69

到 1940 年 5 月，苏联志愿航空队共击落日机 81 架，击毁地面日机 114 架，击沉敌舰 14 艘，还为中国培训了大批空地勤人员。在日本帝国主义侵华最猖狂的时期，有力地支援了中国的抗日战争。200 余位苏联勇士在中国的抗日战场献出了宝贵的生命。苏联飞行大队长格里戈里·库里申科率"达沙式"轰炸机大队来华援助抗日。曾 3 次率轰炸机群袭击被日军占领的武汉机场，共摧毁日军飞机 136 架，因座机遭到重创，迫降在万县长江江面，库里申科大队长为中国的抗日战争献出了年轻的生命（图 5.22，苏联，1960 年邮资封、苏联飞行员万岁）。

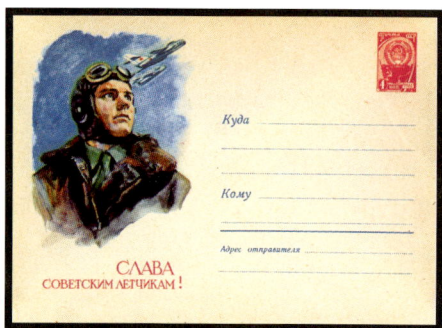
图 5.22

4. 南京空战

1937 年 11 月 8 日，日军在攻打上海的同时，分兵西进，直逼国民政府首都南京。南京军民与强敌展开了一场惨烈的民族自卫战。21 日，苏联航空队从天而降抵达南京。12 月 1 日，苏联志愿航空队 5 次升空迎敌，击落日机 6 架。12 月 2 日，苏联志愿航空队出动轰炸机 9 架，炸沉上海黄浦江上的日军舰船 7 艘。12 月 3 日，日军 10 架轰炸机在 19 架战斗机掩护下联合空袭南京，中苏空军勇士并肩作战，英勇拦截。从 11 月至 12 月上旬，中苏飞行员在南京保卫战击落日机 20 架，并对日军舰船和地面部队予以重创。12 月 13 日南京失守，残酷的日本法西斯面对我南京无辜百姓进行了一个半月的惨绝人寰震惊中外的南京大屠杀，30 多万中国同胞惨死在日本侵略者屠刀之下。（图 5.23，美国，南京大屠杀 70 周年纪念封）

图 5.23

5. 支援徐州、台儿庄战役

位于苏鲁豫皖四省交界的徐州，历来是兵家必争之地。从徐州会战起，中苏航空队先后出动数百架次飞机与日军进行 12 次空战，有力地支援了徐州会战。1938 年 1 月 2 日，日军在南京立足未稳，苏联志愿航空队派出轰炸机群从汉口起飞，轰炸南京，炸毁日军飞机 20 多架。1 月 26 日，苏联志愿航空队又出动 12 架轰炸机炸毁南京机场上飞机多架，返航时与拦截的日机遭遇，又击落日机 6 架。3 月中旬，徐州会战开始，中国空军 3 大队 9 架伊尔 –15 战斗机从归德（今商丘）起飞，对日军阵地火力突击，刚飞临阵地上空的 2 架日机被击落。3 月 24 日，中国空军第 3 大队 14 架伊尔 –15 型战斗机袭击、轰炸临城、韩庄一带日军部队。返航时与日军 18 架 95 式战斗机遭遇，中国飞行员毫不示弱，击落日机 6 架。（图 5.24，中国，台儿庄大捷）

图 5.24

6. 武汉空战

南京陷落后，中国抗战指挥中心迁到武汉。1938 年 2 月起，日军陆海空大规模进攻武汉三镇。

2 月 18 日，日军 12 架重型轰炸机在 26 架歼击机掩护下进袭武汉。中国空军李桂丹率 29 架伊 –15、伊 –16 型歼击机迎战，12 分钟激战击落日机 12 架，是抗战以来重大胜利。我方损失飞机 5 架，大队长李桂丹等 5 人壮烈牺牲。

4 月 29 日，是日本天长节（日本天皇诞辰），日军 36 架歼击机掩护 18 架重型轰炸机空袭武汉。中国空军第 3、第 4、第 5 大队 19 架伊 –15 型战斗机和苏联空军志愿航空队 45 架战斗机起飞待战。经过双方 30 分钟激战，击落日机 21 架，毙日飞行员 50 人，2 名跳伞被我军活捉。我方损失飞机 12 架。这次空战中我军第 4 大队飞行员陈怀民击落 1 架敌机后，座机多处中弹，已难以操纵，陈怀民放弃了最后的跳伞求生机会，加大油门向敌机猛冲，与敌同归于尽。

5 月 31 日，日本海军 18 架轰炸机在 36 架战斗机掩护下，再次进袭武汉，中苏 48 架歼击机拦截，击落日机 14 架，中方损失飞机 2 架。空战中，苏联飞行员古班柯在击落一架敌机后，枪弹已经打光，但他仍开足马力勇猛撞向敌机，敌机机翼被撞断坠毁，古班柯以高超的技术驾驶负伤的战机返航。

10月24日，担负长江巡防任务的中山舰遭6架敌机狂轰滥炸，中山舰当即还击，击落敌机4架，敌机仍疯狂攻击，中国海军一代名舰中弹沉没。

10月24日蒋介石下令放弃武汉，25日武汉失守。武汉会战历时4个月，中国空军共炸沉日舰船33艘、炸伤67艘、击落日机62架、击伤9架、炸毁16架。空战频繁激烈，天空常有几十、上百架飞机激战，双方损失惨重。中国空军得不到补充作战实力锐减，中国抗战进入了更为艰苦的战略相持阶段。

7. 日军空袭延安

1938年11月间，日军得知中共中央将要在延安召开干部会议。20日、21日，日军多架飞机轰炸延安，炸死炸伤中国军民152人，炸毁房屋380间。至1941年10月26日，3年间日军轰炸延安17次，投弹1690枚，炸死炸伤400余人，炸毁房屋11000多间。延安城内房屋大部分被毁。（图5.25、图5.26，中国，延安宝塔山；图5.27，图瓦卢，日本三菱双座攻击轰炸机）

图 5.25

图 5.26

图 5.27

8. 港澳同胞、海外华侨支援抗战

港澳同胞和海外侨胞与祖国同呼吸共命运，自1931年日本侵略东北开始，华侨以炎黄子孙血脉相融的爱国热情，有钱出钱，有力出力，为了祖国抗战胜利竭诚奉献。至1942年，海外侨胞共捐款7亿多元、救灾公债1.1亿元、侨汇50亿元，捐献飞机217架，战车救护车1027辆，归国参战的粤籍华侨达4万余人。（图5.28，中国，华侨捐献飞机）被美国人称为"中美共同的空战英雄"的华侨飞行员陈瑞细是其中的杰出代表。陈瑞细出生在美国，祖籍广东台山。1932年于美洲航空学校毕业后志愿参加抗日战争。先后在广东飞行队、笕桥中央航校，1936

图 5.28

年 10 月调任第 3 大队任中队长。自 1937—1939 年间共击落 5 架敌机，还协助僚机击落敌机 3 架。他在空战中英勇奋战，敢打敢冲，其座机曾 3 次被敌击中，都成功跳伞生还。1940 年返回美国治病，1945 年初又回到中国参加"驼峰"航线执行空运任务，继续为中国的抗战做贡献。

9. 人道远征"纸片轰炸"

1938 年 3 月，面对疯狂进攻的日本侵略军，中国军事当局拟定了《空军袭击九州、四国计划》决定对日本本土进行一次空袭，计划提出，中国是文明礼仪之邦，投掷炸弹不如播撒传单，"纸弹"比炸弹更有意义。传单由政治部任厅长的郭沫若组织撰写和印刷，传单共 20 万份，其中有《告日本人民书》、《告日本各政党书》等。1938 年 5 月 19 日，空军第 14 中队队长徐焕升率队驾驶 2 架马丁 B-139WC 型重型轰炸机（即美军 B-10 型轰炸机），首次跨洋袭击日本本土。（图 5.29，中国，郭沫若；图 5.30，美国，B-10 型轰炸机）

图 5.29

图 5.30

23 时 48 分，飞机从宁波栎社机场起飞，由于云中隐蔽，未被海上日舰发现。经过 3 个小时夜航，20 日凌晨 2 时 45 分，我机以 3500 米高度飞临九州长崎上空，只见地面灯火依旧，我机即盘旋于长崎上空投撒传单，并投下照明弹，向日本表明中国飞机来了！ 3 时 25 分，我机飞到福冈上空投撒传单和照明弹。我机几乎飞遍九州全岛，投撒传单 20 万张，一直未受敌攻击。20 日 4 时 32 分，我机在恶劣的天气中返航，途中发回"袭击成功"的密电。当英雄们安全着陆时，武汉三镇已经到处散发中国空军远征日本投下"纸弹"的报纸号外。历史证明，这次远征日本用"纸弹"攻心，远比用炸弹炸死一批无辜平民效果更好，意义更深远。

10. 桂林空战

1938 年 10 月下旬，广州、武汉失陷。日本空军以武汉、广州为中心基地，

图 5.31　　　　　　　　　　图 5.32

控制了中国广大地区的制空权。中国空军主要基地后撤至成都、重庆，并以兰州为补充基地，边作战边训练，以补充前线战斗力。1940 年桂林战役中，中苏空军出动飞机 115 架，空战 11 次，击落敌机 14 架、击伤 2 架。多批次轰炸南宁机场和阵地，炸毁敌地面飞机 15 架。1940 年 9 月，日空军开始使用优于苏联飞机作战性能的"零"式 A6M 战斗机。（图 5.31、图 5.32，帕劳、刚果，日本三菱"零"式战斗机）

11. 抗击日军　重庆"大轰炸"

为了动摇中国军民抗日决心，企图造成"上下震撼，极度恐怖"而崩溃求和，日军重点对国民政府战时陪都重庆、成都以及兰州实施了战略轰炸，史称"重庆大轰炸"。从 1938 年 12 月 18 日至 1943 年 8 月 23 日，重庆人民生活在防空警报声中，日机总计空袭 218 次，出动各型飞机 9513 架次，投掷包括燃烧弹在内的各种炸弹 21593 枚，炸死市民 11889 人、伤 14100 人，炸毁房屋 17608 幢，街道变成火海昼夜燃烧，成千上万人无家可归。中国空军在极端困苦的条件下，英勇迎敌，奋力抗击。1939 年 6 月 9 日，日机 2 批 21 架次轰炸重庆，被中国空军击落 3 架。6 月 11 日，日军出动飞机 27 架，再次轰炸重庆，我军第 4 大队起飞迎敌，击落日机 3 架。

1939 年 9 月，获悉日本海军航空兵为轰炸重庆、成都在汉口集结约 300 架飞机，中、苏航空队决定对汉口机场实施大规模打击。10 月 3 日，苏联志愿航空队出动 29 架泼勃 -3 型轰炸机，携带爆破弹、杀伤弹和燃烧弹奇袭武汉。日本人没有料到中方还有能力长途奔袭武汉基地，并无戒备。这次奔袭大获成功，炸毁敌机 50 多架（一说 30 多架），炸死敌人 130 人，炸毁敌油库等重要设施。10 月 14 日，苏联志愿航空队再次大举出动轰炸日占武汉机场，炸毁日军轰炸机 66 架，战斗机 37 架（一说共 50 架），飞行员 60 多人，陆、海军官兵 300 余人。这 2 次成功的袭击有效打击了日驻武汉海军航空兵的有生力量，是抗战以来轰炸成果最大的一次。（图 5.33，中非，日本轻型轰炸机）

日本为尽快结束侵华战争，迫使重庆国民政府屈服，从 1940 年开始实施"101"号作战计划，这是日军进行的规模最大的一次作战。日海军和空军航空队作战飞机 297 架，以汉口和运城为主要基地，

图 5.33

集中轰炸重庆和成都政治、军事目标。从 1940 年 5 月 18 日至 8 月 23 日，长达 110 天的"101"号作战计划期间，日军出动飞机 21 批 904 架次，投弹 2 万余枚近 3 万吨。中国空军出动飞机 1084 架次，击落敌机 32 架、击伤 22 架。中国飞机被击落 29 架、击伤 64 架。

1941 年 6 月，苏德战争爆发，苏联空军志愿队全部回国参战。日本空军的飞机能够随时得到补充，经常保持在 700 架左右；而我机没有补充来源，常在 100 架以下，形势越来越艰难，已经无法主动出击，经常处于避战状态。

12．美国志愿航空队助战

中国抗战初期，美国对日采取绥靖政策，对中日交战采取中立态度。1941年 3 月 11 日，美国总统罗斯福签署了《租借法案》，中国可以以租借的方式从美国获得飞机等军事装备。7 月，中国从寇蒂斯·莱特飞机公司获得 P-40 型战斗机 100 架。与日本零式战斗机相比，虽然升限和机动性略差，但是比零式飞机更快、更坚固。中国政府决定，将这批飞机交给正在中国担任航空委员会顾问的美国人陈纳德，由陈纳德负责组建一支空军部队。

1941 年 8 月 1 日，中国空军美国志愿航空队成立，由陈纳德上校任队长，下辖 3 个战斗机中队，均装备 P-40 型战斗机，担负昆明地区防空等任务。因为队徽和机徽图案是带翅膀的虎，被人们称为"飞虎队"。（图 5.34，美国，"飞虎队"陈纳德将军；图 5.35，马绍尔群岛，美国 P-40B 战斗机；图 5.36，刚果，"飞虎队"及 P-40 型战斗机）

1941 年 12 月 20 日，日军 10

图 5.34

图 5.35

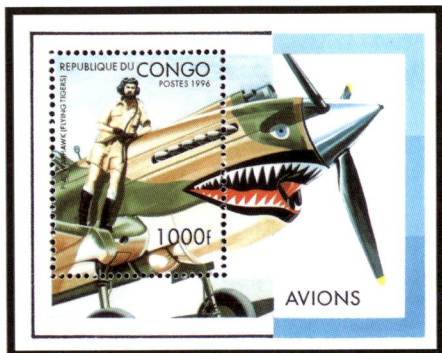

图 5.36

图 5.37

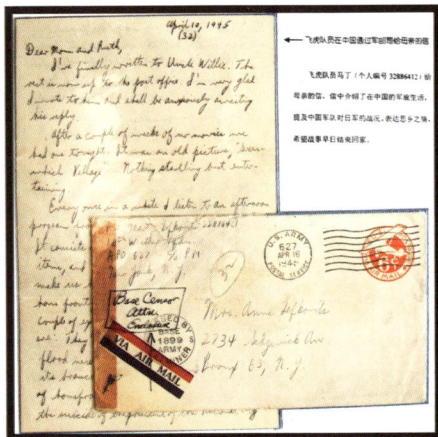

图 5.38

架轰炸机空袭昆明。"飞虎队"24架P-40驱逐机起飞拦截，日本轰炸机突遭攻击，丢下炸弹慌忙逃窜。由于P-40驱逐机速度快火力强，连连击落日机。航空志愿队以 10∶0 首开空战纪录。

1941年12月25日，日本空军78架飞机空袭仰光，被美国志愿航空队击落22架。1942年，他们还同英国皇家空军共同空袭了日军在泰国的一个空军基地，击毁敌机24架。从1941年12月到1942年6月，美国志愿航空队参战半年战果辉煌，出动百余次，击落炸毁敌机297架，被击落炸毁飞机51架，"飞虎队"的名字在中国几乎家喻户晓（图5.37，中国，美国援华"飞虎队"P-40飞机击落日机、陈应明绘；图5.38，美国，"飞虎队"队员从中国寄给美国母亲的战时军邮信函）。

1941年12月7日，日本偷袭珍珠港，太平洋战争爆发。中、美、英、法、苏等26国反法西斯联盟发表共同宣言，中国抗日战争已经成为世界反法西斯战争的一个重要组成部分。（图5.39，塞拉利昂，日本偷袭珍珠港；图5.40，马绍尔群岛，日本偷袭珍珠港、左上美国无畏式战斗机编队迎敌、左下日本"99"式飞机向美舰投弹、右日本"97"式飞机从"赤诚"号航空母舰上起飞）

美国政府开始向中国提供飞机，派遣部队来华参战。陈纳德率领的志愿

航空队并入美国
航空陆战队，对
外称"美国空军
驻华特遣队"，
陈纳德担任准将
司令。特遣队
在 9 个月的作战
中，开创了 P-40
战斗机夜间击落敌机的记
录。共击落敌机 149 架，
空投炸弹 300 余吨，损失
P-40 型战斗机 16 架。

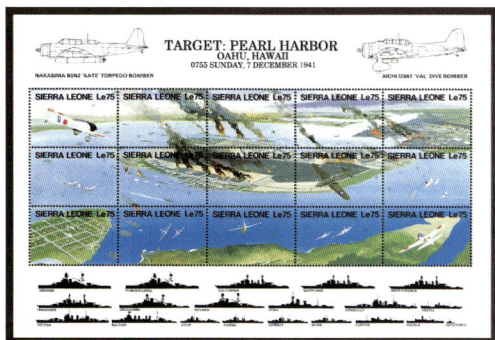

图 5.39

图 5.40

图 5.41

图 5.42

1943 年 3 月，美国驻
华特遣队奉命扩编为美国
陆军第 14 航空队，并补充了 B-24 型、B-25 型轰
炸机及 P-38 型"闪电"、P-40 型、P-47 型、P-51
型"野马"等性能优良的飞机。1943 年 5 月 4 日，
第 14 航空队从昆明起飞，空袭了河内、海防、三
亚等敌人目标，给日军的机场、码头、炼油厂
和油库等设施予以重创。（图 5.41、图 5.42，美
国、柬埔寨，B-24 轰炸机；图 5.43，
柬埔寨，B-25 型轰炸机；图 5.44、
图 5.45，马绍尔群岛，P-38 战斗
机、P-47D 型战斗机）到 1945 年 5
月，美国陆军第 14 航空队共击落、
炸毁敌机 2054 架，自己损失 500
架。为抗日战争的最后胜利做出了
重要贡献。

图 5.43

图 5.44

图 5.45

13. "驼峰"空运

1942年3月，日军切断了中缅公路，中国对外陆海通道全部被封锁。

经中国政府紧急建议，中美两国决定开通一条特殊的应急航线：西起印度阿萨姆邦的町江，向东横跨喜马拉雅山的余脉横断山脉、高黎贡山，萨尔温江、怒江，直至中国云南高原和群山环抱的四川，这就是著名的"驼峰"航线。"驼峰"航线空运是在非常情况下的紧急军事运输。1942年5月至1945年9月，这

图 5.46

条1200千米的跨国航线上，由美国第十航空队、美国空运总部印中联队先后担负运输任务，后期中国航空公司也参与其中。当时动员了8500人，659架飞机昼夜航行于千里空中运输线上，最繁忙时平均75秒起飞一架飞机。主要使用美国寇蒂斯公司生产的C-46型、道格拉斯公司生产的C-47型和C-53型（C-47、C-53型飞机是DC-3型客机的军用改型）军用运输机（图5.46，马绍尔群岛，美国C-46在驼峰空运中；图5.47，重庆—加尔各答"驼峰航线"航空实寄封）。

图 5.47

图 5.48

驼峰空运前后3年零4个月，运送了65万吨急需的作战物资。由于飞机升限低于航线上山峰的高度，中美飞行勇士们只能在崇山峻岭的峡谷中穿行。严酷的战争环境，恶劣的地理条件，复杂多变的天气使中美飞行员付出了惨重代价。损失飞机514架，1500名空勤人员长眠"驼峰"幽谷。"驼峰"空运对抗日战争和世界反法西斯战争的胜利发挥了不可替代的作用，中国人民永远不会忘记。（图5.48，中国，纪念"驼峰航线"的军邮免资邮简）

14．中美协同夺回制空权

抗日战争后期，在华日本侵略军仅剩下 300 余架飞机。到 1942 年，由于得到美国援助，中国空军已经有各型飞机 290 架，其中美国提供的战斗机 150 架、轰炸机 19 架。随着飞机数量逐步增加，新型飞机质量性能提高，中日空中力量对比开始发生逆转。中国组建了中美混合飞行团，与在华的美国第 14 航空队配合对日作战，不断主动出击，逐步重新夺回了战场制空权，为夺取抗日战争的最后胜利作出了贡献。

1943 年 10 月，以中国空军第 1、3、5 飞行大队，美国陆军航空队及原"飞虎队"部分人员为基础，在桂林（后迁四川白市驿）组建中美混合飞行团司令部（CACW）。混合飞行团各级都设有中美双方指挥官。美国人员占 1/4。全团装备 B-25B 轰炸机 60 架，P-40、P-43、P-51 型战斗机 100 架。中国空军经过调整增强了实力。1943 年秋，美国 14 航空队补充了一批新型的 P-51 型"野马"战斗机，时速大于 700 千米，比日本最新出厂的 2 式战斗机时速快了近 100 千米，是第二次世界大战期间性能最先进的飞机之一。（图 5.49，圣卢西亚，P-51D 战斗机；图 5.50，马绍尔，B-25B 型轰炸机）

图 5.49

图 5.50

1943 年冬，中国空军开始主动出击，寻找日军航空队主力决战，轰炸摧毁敌占机场和设施，长途奔袭切割日军补给线。中国空军由战略防御开始转为战略反攻。

1943 年 11 月，常德会战开始，为支援地面作战，中、美双方航空队投入飞机约 200 架。到 1944 年初常德会战结束，中、美航空队出动 216 批，战斗机 1467 架次、轰炸机 280 架次，重点打击常德、石首、华容等地的地面部队。同时击落敌机 25 架、击伤 19 架，炸毁地面飞机 12 架。

1944 年，日军大本营与派遣军推出"一号作战计划"，企图挽救其命运。

先由华北、华中，再由华南地区分别发动进攻，妄图打通平汉、粤汉、湘桂等线，使侵华日军与南洋日军连成一片，同时摧毁中国空军基地，阻止中美航空队对占领区及日本本土的空中袭击。"一号作战计划"实施期间，日军出动兵力之规模空前，远远超出抗战以来历次会战，总兵力达50多万人，火炮1500门，车辆1.5万辆，飞机270架。史称为豫湘桂会战。第一阶段，中原会战，于1944年4月18日，以日军突破防线强渡黄河开始。中国空军出动飞机119批、中美混合航空队出动181批，美国陆军14航空队出动12批参战，击落日机87架、炸毁79架。但由于中国军队对日军发动大规模进攻缺乏全面准备，指挥不力，最终日军控制了平汉铁路线，达成作战企图。第二阶段，长衡会战，日军集结20万兵力进攻长沙、衡阳等地。中美集结战斗机113架、轰炸机68架，总数超过日本空军，作战中发挥了明显作用。中美空军昼夜主动出击，而日军只能黄昏拂晓出动，显示了力量对比开始发生变化。中国空军出动飞机3949架次，美国空军出动4532架次，空中击落日机70架、地面炸毁52架，还炸毁敌车站、桥梁、车辆，多次切断供给线。第三阶段，桂柳会战，中美空军频繁出击，重点打击日空军航空基地、交通枢纽。出动飞机228批，1386架次，击落敌机14架、击伤10架，炸毁日机6架。11月18日，桂林、柳州同时失守，8个月的豫湘桂会战结束。虽然中美空军基地被迫后移，但是到1944年底，中美空军已经掌握了空中战场的主动权，频频主动出击，作战效果愈益明显。1945年初，中美空军连续3次轰炸袭击，重创日侵华空军主要基地武汉，日航空队被迫撤出华中。

1945年8月6日、9日，美军B-29"超级堡垒"号轰炸机先后在日本广岛、长崎各空投了一颗原子弹。8月8日，苏联对日宣战，苏联红军出兵东北与日本关东军开战（图5.51、图5.52，马绍尔群岛，美国B-29轰炸机在日本空投原子弹；图5.53，美国邮票B-29轰炸机）。8月15日，日本天皇宣布无条

图 5.51

图 5.52

件投降。9 月 2 日，在东京湾美军"密苏里"号战列舰举行的受降仪式上，日本在投降书上签字。中国战区，侵华日军投降仪式于 9 月 9 日在南京举行。（图 5.54，中国，"密苏里"号战列舰上的受降仪式）

图 5.53

全国各族人民同仇敌忾，英勇抗敌，经过 8 年浴血奋战，最终战胜了日本帝国主义，取得了近百年来反对帝国主义侵略的第一次伟大胜利。抗战期间，中国空军执行任务 4260 次、出动飞机 19542 架次。空战中击落敌机 592 架、击伤敌机 95 架，炸毁敌地面飞机 540 架。4321 名中国空军将士为了抗击日寇侵略献出了宝贵的生命，他们的英名永载史册。

图 5.54

15．抗战时期的民用航空

自从抗日战争爆发，中国军队节节败退，中国民航也陷入困境，大部分航线停航或缩短航线。中航从上海迁到武汉，原上海—北平、广州、汉口航线先后被迫停航。1937 年，在十分困难的条件下，先后开通了汉口—长沙、重庆—香港航线。（图 5.55，中国，1937 年 12 月 16 日 香港—重庆巴县首航封）

图 5.55

1938 年 1 月 3 日，中航又内迁至重庆，开通重庆—叙府（今宜宾）—嘉定（今乐山），复航重庆—昆明航线。期间，客货运输十分繁忙，尽管中航飞机均属民用商业运输，不参与作战、也不携带武器，还是经常被日军飞机当作目标击落。1938 年 8 月 24 日，中航 DC-2 型"桂林"号飞机遭遇 5 架日本战斗机袭击。飞机迫降后又遭日机俯冲扫射，造成机上 14 人死亡，仅 3 人幸免于难。1939 年 3 月 15 日，中航开辟昆明—河内国际航线，10 月 30 日，又开通重庆—仰光航线，补充了滇缅公路的运力。至 1940 年 9 月，日军占领越南，被迫停

图 5.56

图 5.57

图 5.58

航。（图 5.56，萨摩亚，DC-2 型运输机；图 5.57，中国，"渝河线首次通航纪念"
戳；图 5.58，中国，"渝仰线航空通航纪念"戳）

抗战爆发后，欧亚航空公司先迁至西安、后迁至昆明。部分飞机拨交空军
作为战时运输，只有少数担任航班飞行，其中 4 架飞机被日军炸毁。1941 年 7
月 1 日，中国与法西斯德国断交，交通部接收了欧亚航空公司的德国股份。与
珍珠港事件同时，1941 年 12 月 8 日香港启德机场也遭受日军轰炸，欧亚航空
公司的飞机、设备损失惨重，只剩下一架 JU-52 型 3 发飞机和一架 W-34 小飞
机，几乎濒于绝境。中国航空公司 2 架 DC-2 型飞机、3 架康维尔型飞机被炸毁，
其余飞机连夜飞往南雄、重庆。12 月 15 日，中航有限度恢复了飞行，每周在
重庆—缅甸腊戍之间飞行 3 次，重庆—成都之间飞行 2 次，而且经常中断。

为了摆脱国内交通困境，必须另辟空中通道。1939 年 9 月 9 日，中国与苏
联达成协定，在迪化（今乌鲁木齐）成立了中苏航空公司。总投资 180 万美元，
中苏双方各半。12 月 5 日，哈密—迪化—伊宁—阿拉木图航线首航，在 1514 千

图 5.59

米航线上，3 架里 -2 运输机每周一个航班（图 5.59，
乌兹别克斯坦，里 -2 飞机）。但是，由于新疆督办盛
世才迎合反苏反共逆流，经常制造麻烦，中苏航空公
司经营极不正常。

1943 年 3 月 1 日，中国交通部将欧亚航空公司改
组为中央航空公司，并拨借给日制 97 式飞机 1 架、德
制亨克尔型飞机 1 架、美制伏尔梯型飞机 2 架、美制赫德逊型飞机 11 架。这些飞
机陈旧不堪，都是不适合民用的军用飞机，所以中央航空公司空运业务很不正常，
每周一班飞往迪化。1945 年 3 月 28 日，中航承担了与哈密衔接的航空运输业务。

日本为了侵华战争和掠夺的需要，日伪政权在中国沦陷区开办了伪满洲航空株式会社、惠通航空股份有限公司和中华航空股份有限公司。

16．战乱中的航空工业

抗日战争爆发，使得中国刚刚起步的航空工厂仓促内迁，在日军的狂轰滥炸之下损失惨重。迁到云、贵、川内地的工厂需要重建。抗战急需的飞机，几乎全部从外国购入，中国的工厂主要担负飞机修理、装配以及少量的飞机仿制。

国民政府最早的航空工厂是 1927 年
11 月在上海成立的上海航空工厂，1932
年"一·二八"事变中被日军飞机炸
毁。建于 1934 年 4 月的广东韶关飞机修
理厂较为先进，不仅修理、装配还自行
研制飞机。1935 年 5 月 20 日，参照美
国斯特曼 76C3 教练机和北美 NAA.16-4

图 5.60

型飞机自制的第一架飞机"复兴"式首次试飞成功（图 5.60，中国，"复兴"号飞机 陈应明绘）。抗战中，该厂成为日军重点摧毁的目标而遭到严重破坏，该机仅生产了 4 架。1938 年 6 月，该厂迁往昆明，改为第 1 飞机制造厂，重点修理、装配飞机和仿制霍克 III 型、伊-15 型战斗机、北美 AT-6 型"得克萨斯人"高级教练机，继续制造"复兴"号教练机。到 1939 年 4 月，先后装配制成霍克 III 型飞机 44 架、"复兴"号飞机 7 架。到 1943 年，试制伊-15 型飞机 30 架。

1935 年中意合办的南昌飞机制造厂迁到四川南充后，改为第 2 飞机制造厂，主要利用苏联援助的器材仿制伊-16 型战斗机。1939 年 7 月。仿制的第一架飞机忠-28 甲型下单翼战斗机完成。1944 年 8 月成功设计制造了中运-1 型 11 座双发中型运输机。不久，中运-2 型运输机制造成功。

抗战爆发后，1937 年 9 月，杭州飞机制造厂从笕桥迁到了武昌南湖机场。第 2 年又分 3 路西迁，然后集中到昆明，最后厂址定在云南瑞丽江畔垒允。1939 年初步建成，制造霍克 III 型 3 架、霍克-75 型 30 架、莱茵型战斗机 30 架。1940 年 10 月，遭到日空军 27 架飞机突然袭击，工厂损失惨重。1941 年 2

月恢复生产，担负组装和修理美国志愿航空队的飞机，组装了近百架 P-40 型战斗机。1942 年 4 月，日军从缅甸入侵云南，在仓皇撤退中设备失散，一个较具规模的航空工厂化为乌有。

1941 年，滇缅公路被封锁，日军切断中国与国外的所有陆路交通线，航空委员会决定立即在成都建立第 3 飞机制造厂，利用国产材料设计制造飞机，同时担负训练设计制造飞机的技术人才。1944 年春，工厂仿爱司勃 -3 型轰炸机资料，用国产材料设计成功制造单翼木结构研轰 -3 型轰炸机，3 次试飞均成功，第 4 次着陆时操纵错误飞机损坏，后被废弃。

图 5.61

1941 年，在贵州大定建立了中国第一个航空发动机厂。为免遭日军轰炸，厂址选在大定县羊肠坝一个大山洞内。到 1946 年，工厂装配 30 台美式莱特赛克隆 G105B 型 9 缸气冷活塞式发动机，装在 DC-3 型运输机上试用（图 5.61，新西兰，DC-3 飞机）。

17. 蒋介石调兵遣将抢占地盘

抗战胜利是全中国人民的胜利，蒋介石却把胜利果实窃为己有。抗战胜利后，满目疮痍的中国急需医治战争创伤，休养生息，发展生产，和平建国。但是，蒋介石自以为背靠美国可以发动一场胜券在握的内战，一举达到消灭异己独统天下的目的。以蒋介石为首的国民党政府，一面以和谈为幌子争取时间，并转嫁内战责任；一面紧急调运部队抢夺胜利果实，扩大地盘准备再次挑起内战，企图消灭中国共产党领导下的八路军和新四军。

为了揭露国民党蒋介石假和谈真内战的阴谋，毛泽东率领中共代表团到重庆与国民党进行了长达 43 天的谈判，于 10 月 10 日签订了《停战协定》。蒋介石的谈判只是争取时间抢占地盘，到了 1946 年 6 月，蒋介石以为内战时机成熟，全面撕毁停战协定，使用正规军 80% 的兵力，向解放区大举进攻，挑起了全面内战，计划在半年内消灭八路军、新四军，消灭共产党。

国民党为了抢夺胜利果实，临时组建 13 个空军地区司令部，抢先接收了日军 1797 架飞机。为了内战的需要，蒋介石首先加强快速运兵的能力。1945

年 10 月，将原空运队扩编为空运大队，下设 4 个中队和一个专机组，每个中队配备 20 多架飞机。分别驻南京明故宫、上海江湾、北平西郊机场。还在上海组建了空运第 2 大队，增设了北平、徐州、西安 3 个空军指挥所。

　　1946 年，国民党政府改组军事领导机构，取消军事委员会设立国防部，白崇禧出任国防部长。航空委员会改组为空军总司令部，周至柔任总司令。在美空军顾问团的指导下，撤销原各路司令部，按美式编制扩大改组为 5 个军区空军司令部，分别驻沈阳、北平、兰州、武汉、重庆。增设台湾地区空军指挥所。不久，又开始"八又三分之一"扩编计划，即编制 8 个空军飞行大队又一个中队。其中 B–24 型、B–25 型轰炸机大队各 1 个，P–40、P–47、P–51 型战斗机 4 个大队，C–46、C–47 型运输机 2 个大队，RP–38 型侦察机中队 1 个。（图 5.62，古巴，美国 P–40B 型战斗机；图 5.63，马绍尔群岛，美国 P–51B 型战斗机；图 5.64、图 5.65，马绍尔群岛，美国 C–46、C–47 运输机）

图 5.62

图 5.63　　　　　　　图 5.64　　　　　　　图 5.65

　　日本投降后，中国战区的美空军利用中国和印度境内的美军运输机，帮助蒋介石大规模空运国民党部队以抢占战略要地和各大中城市，为吞并解放区进而消灭共产党做准备。从日本投降到 1946 年 6 月近 10 个月时间内，美国空军和军舰帮助国民党政府运兵 54 万人，仅运费就耗资 3 亿美元。这在中国航空史上前所未有。美驻中国战区司令魏德迈声称"这是历史上最大的一次空运"。

18. 大批飞机投入内战

　　从 1946 年 6 月，蒋介石自恃拥有装备精良的 430 万大军，悍然撕毁停战协定，大举进攻中原解放区，从此内战全面爆发。蒋介石依仗空军优势，在各战区投入大批飞机，对解放区实施侦察、扫射和轰炸，给解放区军民造成极大困难和严重损失。

蒋介石把争夺东北视为重要战略步骤，调集几十万军队云集关外，采取"南攻北守，先南后北"的方针，准备首先消灭东北民主联军驻南满的部队。驻沈阳的第1军区空军司令部调沈阳机场的B-25型轰炸机和P-51型战斗机，全力配合陆军作战。国民党空军副司令王叔铭亲自到东北督战。在热河作战中，空军先后出动P-51型战斗机69架次，B-25型轰炸机8架次。国共双方为夺取东北战场主动权，展开激烈争夺。国民党空军以P-51型战斗机为主，在前线配合陆军行动，在后方轰炸破坏交通线，还散发传单进行"心理战"。1947年2月，在解放军围攻德惠的作战中，遭遇国民党空军飞机上百架次猛烈轰炸。5月，解放军主力进攻重镇四平，国民党空军调动C-46型、C-47型轰炸机空投补给，以B-25型轰炸机和P-51型战斗机混合编队昼夜轰炸、扫射，阻止解放军的进攻。在1947年底解放军发动的冬季攻势中，国民党先后出动飞机上千架次狂轰滥炸，妄图挽救战场败局。到1948年，内战进入第3年，战略态势已经发生根本改变，国民党在东北的部队只能收缩到长春、沈阳、锦州几个孤立要点进行重点防御。解放军在战争中发展壮大，数量上增加到280万人，借助作战时缴获的武器，使装备有了较大改善。1948年，中共中央在西柏坡指挥解放军开始战略决战。（图5.66，中国，中国革命最后一个农村指挥所—西柏坡；图5.67，中国，中共中央在西柏坡"运筹帷幄"）

图 5.66

1948年9月14日，解放军华东野战军发动济南战役。国民党空军以济南、青岛为主要基地，昼夜出动520多架次，支援国民党地面部队作战。还调用了北京、南京的轰炸机长途奔袭轰炸济南。9月24日，解放军攻克济南全城，全歼守敌10余万人，活捉守敌司令王耀武。蒋介石仍然不甘心失败，下令出动飞机连续轰炸3天，泉城济南惨不忍睹。

图 5.67

1948年9月12日，人民解放军趁蒋介石在是否放弃东北进退两难举棋不定之际，以优势兵力发起辽沈战役，首先包围锦州。国民党空军以驻沈阳的第 1 军区空军、驻北平的第 2 军区空军部队共 142 架飞机作为支援兵力，并在锦州设立空军指挥所，由守军司令范汉杰直接指挥。9 月 27 日，锦州、沈阳、北平各地起飞的飞机云集锦州上空，对围困锦州的人民解放军部队狂轰滥炸。同时 4 架 C-46 型运输机从沈阳空运增援部队，由于解放军的炮火已经封锁了锦州机场，蒋介石的调兵计划落空。锦州战役期间，经常有国民党空军数十、上百架飞机对城外解放军及阵地工事轰炸、扫射，封锁突破口，掩护守军反击突围，使解放军部队蒙受重大损失。英勇顽强的人民解放军攻势不减，所向披靡，10 月 13 日攻占锦州机场，15 日攻克锦州城，击毁敌机 15 架，歼敌 10 万余人，生俘司令范汉杰。（图 5.68，中国，辽沈战役）10 月 17 日，长春国民党守军起义。锦州失守，长春解放，沈阳城内一片混乱，国民党军政要员乘空军飞机从空中仓皇逃跑。

图 5.68

辽沈战役之后，华北的傅作义集团陷入孤立无援的困境。东北解放军 80 万大军迅速入关，发起平津战役。11 月中旬起，国民党空军派出大批飞机轰炸铁路沿线要点、桥梁、列车，企图阻止解放军南下。1949 年 1 月 14 日，人民解放军向天津发起总攻，经过 29 个小时激战，全歼守敌 13 万人，2 架飞机被击落，天津解放（图 5.69，中国，平津战役纪念馆戳）。

图 5.69

1948 年 12 月 17 日，解放军攻占北平南苑机场，缴获 B-25 型轰炸机 4 架、蚊式飞机 1 架、P-51 型飞机 1 架及航空器材物资。1949 年 1 月 21 日，傅作义部 20 万部队接受改编，北平和平解放。（图 5.70，中国，解放军进城仪式）

蒋介石被迫收缩战线，集结在以徐州为

图 5.70

图 5.71

中心的地区，形成以陇海、津浦铁路"两线一点"的防御，以屏障南京。1948 年 10 月下旬开始，解放军华东、华中野战军对徐州形成夹击之势，发动淮海战役。在这次战略决战中，国民党空军第 1、第 3、第 4、第 5、第 8 大队飞机以空前的规模倾巢出动，共达 2957 架次，最终也没能挽回淮海战役失败的结局。（图 5.71，中国，淮海战役）

辽沈、平津、淮海三大战役中，人民解放军歼灭国民党主力部队 179 万余人。蒋介石精锐部队大部分丧失，空军也被大量消耗。1949 年初，国民党空军飞机仅有 401 架，其中，战斗机 148 架、轰炸机 41 架、攻击机 50 架、运输机 162 架，大部分飞机需要检修。国民政府再次向美国乞援，得到飞机 P–47 型 42 架、P–51 型 53 架、B–25 型 11 架、AT–6 型 18 架。

国民党在军事上、政治上、经济上已经陷入困境，无奈的蒋介石选择了"引退"，由李宗仁代总统。但是，蒋介石集团继续玩弄"和谈"骗局，另一面却加固长江防线，企图依靠长江立体防线争取时间，伺机反扑。1949 年 4 月

图 5.72

20 日，因为国民党政府拒绝在《国内和平协定最后修正案》上签字，百万解放大军分 3 路发起渡江战役。国民党空军在长江一线约 300 架飞机，在夜幕掩护下一批批起飞，配合陆军炮火和海军舰艇封锁江面，从空中对登陆解放军船只轰炸、扫射，然而，已经无法阻止渡江作战的百万雄师。22 日拂晓时分，解放军先头部队在长江南岸强行登陆，大部队源源不断驶向南岸，国民党苦心经营的长江立体防线节节崩溃。空军飞机仓皇飞往上海、汉口基地。解放军渡江大军乘胜追击，分割包围。4 月 23 日，人民解放军占领南京（图 5.72，古巴，解放军攻占南京总统府；图 5.73，中国，

图 5.73

华东邮政纪念七七抗战、上海解放纪念邮戳）。5 月 27 日，上海解放。人民解放军以排山倒海之势，向华中、华南、西南、西北挺进。尽管国民党空军飞机倾巢出动，但还是挽救不了国民党全面溃败的下场。

在解放战争 3 年时间里，国民党政府获得美国巨额军事援助，提供飞机 1000 架以上。共出动飞机 66259 架次，远远超过 8 年抗日战争期间出动飞机（19542 架次）的数量和规模。这些飞机不仅在战场上协助地面作战，同时还轰炸已经解放城市的工厂、桥梁、仓库等目标，造成重大破坏，殃及无辜平民，犯下滔天罪行。国民党空军飞机也遭到军民的痛击，内战中损毁飞机 379 架。溃逃到台湾的国民党空军约 4.5 万人，飞机约 330 架，因为缺乏零备件，仅有半数可以飞行。

蒋介石集团逆历史潮流而动发动内战，激起国民党空军内部有识之士的强烈不满，许多官兵追求真理向往光明，不愿意再做蒋介石内战的牺牲品，在中国共产党的感召下，脱离国民党的严密控制，纷纷驾机、随机起义，3 年多的时间里，有 69 人驾驶 26 架飞机光荣起义，走向光明。

19．畸形发展的战后民用航空

抗日战争胜利后，不惜动用一切运输力量，包括美军在亚洲的空中运输力量，以及中国航空公司、中央航空公司的飞机，空运军政要员和军队以抢夺地盘。民用航空参与了国民党军队内战军事行动，在执行"特殊任务"过程中畸形发展，也随着国民党的节节败退而走向衰落。

抗战后期，中央航空公司运力缺乏，可供使用的飞机只有 4 架。抗战胜利为中央航空公司带来了发展机遇，1945 年 11 月央航借款从美军在印度的战后"剩余物资"中购买 C-47 型运输机 11 架，投入所谓"还都复员"空运。当时，南京、上海与内地物价相差悬殊，货物运输获利极高，不仅还清了借款，而且又购买了 157 架美军旧飞机。1946 年全年飞行 312 万千米，盈利 40 亿元。1947 年，购买飞机 DC-3 型运输机 6 架。1948 年，再次购买最先进的被称为"空中行宫"的康维尔 CV-240 型客机 6 架。

1945 年 9 月至次年 8 月，中国航空公司奉命执行所谓"特殊任务"，为国

图 5.74

民党后勤总部运送弹药、官兵给养527架次1550吨，运送国民政府往返"收复区"接收人员，仅回南京官员就达43176人。中航继续进行"驼峰"空运，帮助蒋介石空运美国在战时拨给国民政府的8.7亿美元的物资。（图5.74，中国，中航"驼峰"空运后期实寄封）

中航大力增辟国内、国际航线。1947年10月6日，中美上海—威克岛—中途岛—檀香山—旧金山航线正式通航，同时开通上海—香港—昆明—加尔各答以及上海—厦门—马尼拉等国际航线。到1948年底，2年内中航客运57.7万人、货运4.7万吨、邮运4822吨。中航财源大增，其中军运占收入的2/3以上。

随着国民党节节败退，"两航"通航城市迅速减少，空中运输急剧萎缩，"两航"基地从上海、广州迁往香港。他们在香港运力占有很大比例，在远东民航运输业中继续处于领先地位。

1946年9月，国民政府空军司令部下辖的航空工业局在南京成立，下设航空研究院、空军第1、2、3飞机制造厂、大定发动机制造厂、保险伞（降落伞）制造所、航空配件厂、航空电器仪表修造所、航空锻铸厂和氧气制造所。先后派出200多人去美、英等国家航空研究制造公司工厂实习。

1944年，四川南充的第2飞机制造厂曾设计制造了中国第1架运输机——中运-1型双发运输机。该机设正副驾驶、领航员和旅客座位11个，机身、机翼均为木质结构，只有襟翼和副翼是铝合金结构。全机长15.58米，最大时速342千米，1944年10月在重庆白市驿机场试飞成功。1948年2月19日，该厂改进设计的中运-2型双发运输机，在白市驿机场试飞成功。内战时期的中国航空不可能得到发展，两型飞机都没有投入批量生产。

六

浴火重生　创建空军

　　中国人民解放军空军的创建，经历了从无到有、从小到大曲折艰难的历程。早在第一次国内革命战争时期，高瞻远瞩的中国共产党人就开始了航空人才培养。卢沟桥事变后，国共两党再度合作。为壮大革命力量，中共中央安排红军干部到新疆学习航空。抗战胜利后，蒋介石集团内航空界有识之士驾机飞向延安奔向光明。在硝烟弥漫的艰苦条件下，党中央英明决策，在东北创立了人民军队第一所航空学校，开始大规模培训航空人才。正是有了这些前期准备，在中华人民共和国开国大典上，才会有雄伟的人民空军空中编队出现在天安门广场上空，全世界震惊新中国有了自己的空军！（图6.1、图6.2、图6.3，中国，新中国开国1周年纪念、政协一次会议、华北区邮票；图6.4，中国，开国大典）

图 6.1

图 6.2

图 6.3

图 6.4

1. 早期航空人才培养

图 6.5

在第一次国内革命战争时期，中国共产党就开始利用各种机会培养自己的航空人才。1924年1月，孙中山领导的中国国民党与中国共产党实行第一次国共合作。当年，孙中山在广州大沙头创办军事飞机学校即广东航空学校。第一期仅有11名学员，他们大部分是从黄埔军校（图6.5，中国，黄埔军校）选调的，经过德国飞行教官的训练，达到了单独飞行的技术水平。1925年8月，由广东航空学校的苏联顾问李糜带领刘云、王勋（王叔铭）、王翱、冯询、唐铎、朴泰厦（朝鲜籍）6名学员去苏联继续学习深造。其中刘云、王勋、王翱、冯询是中国共产党党员，唐铎到莫斯科后加入了中国共产党。1926年6月，学校从第1期留校和第2期学员中选调12人送苏联学习，其中常乾坤、徐介藩、李乾元、黎鸿峰（越南籍）、金震一（朝鲜籍）5人是共产党员。1927年2月，又一批飞行干部和学员20余人赴苏联学习。当年11月后相继回国。

1927年蒋介石、汪精卫先后发动了"4·12"、"7·15"反革命政变，逮捕共产党人，国共合作彻底破裂。国内已经没有培养航空人才的条件，中共中央于1927年9月决定，从当时在莫斯科中山大学学习的共产党员、共青团员中选调王弼、岳少文、蒋余材、罗国器、饶均等12人，进入苏联航空学校学习飞行和航空工程。1935年9月，又从在莫斯科东方大学和列宁学院学习的中国留学生中，选调王琏（朝鲜籍）、刘风、王春、李凡、刘武、孙毅卿等7人，进入苏联契卡洛夫空军第3航空学校学习飞行（图6.6，苏联，飞越北极的试飞英雄契卡洛夫）。

图 6.6

2. 红军干部在新疆学习航空

1937年"七七"卢沟桥事变发生后，在中国共产党的积极推动下，国共两党实现了第二次合作，建立了抗日民族统一战线。抗日战争全面爆发以后，新疆督办盛世才为了扩充自己的实力，打起"反帝、亲苏……和平"、"抗日救国"的旗号，取得苏联政府的援助，其中包括30架飞机等一大批军火物资。1937年10月，盛世才在航空队附设了航空训练班，对外称为航空学校，公开招收飞行和机械学员。时任中共驻新疆代表的陈云敏锐地认识到机会难得，积极建议中共中央，利用航空训练班培养贮备航空人才。1938年3月，从红军西路军进疆人员中挑选25人进入新疆航空队学习。又从延安抗日军政大学和摩托学校选调19人，一起参加新疆航空队学习（其中1人因身体原因返回延安）。参加学习的43人分为飞行班和机械班。飞行班25人，吕黎平任班长；机械班18人，严振刚任班长。（图6.7、图6.8，中国，陈云）

图 6.7　　　　　　　图 6.8

　　这些红军干部虽然是经过挑选，但文化水平低，受到歧视。他们克服重重困难，努力学习，取得可喜成绩。飞行班经过4年训练，先后飞过苏制乌–2型双翼初级教练机、埃尔–5型双翼侦察轰炸机、伊–15型双翼歼击机和伊–16型单翼歼击机。每人平均飞行近300小时、1000次起落，能够熟练掌握飞机驾驶技术，达到作战水平。机械班经过一年半的学习和实习锻炼，于1939年9月毕业分配到盛世才航空队任机械员。（图6.9、图6.10，苏联，乌–2型初教机、埃尔–5型侦察机）。

图 6.9　　　　　　　图 6.10

　　1941年6月22日，德国法西斯悍然对苏联发动进攻，1942年春，德国侵入苏腹地。盛世才认为苏联大势已去，在蒋介石诱惑拉拢之下，公然撕下伪装面具转而投蒋反共。1942年7月10日，盛世才将航空训练班的全体共产党员囚禁起来。1944年11月又将这批学员投入迪化新疆第二监狱残酷折磨，这些

经过战争考验的共产党人身陷囹圄，坚贞不屈。

1945 年 8 月，毛泽东、周恩来在重庆谈判期间，与国民党达成释放除了汉奸以外的一切政治犯的协议。但是，被关押的中共全体人员仍然得不到释放，直到 1946 年 3 月，张治中就任新疆省政府主席，3 次电陈蒋介石后才同意释放。这批经过航空队学习又被关押 3 年 9 个月之久的共产党人，终于在 1946 年 6 月 10 日回到延安。7 月 11 日，毛泽东主席在延安中央党校亲切接见了从新疆学成归来的 32 名同志。8 月，由朱德总司令主持成立八路军总部航空队，方子翼任队长。

3. 陕北根据地的军事航空

图 6.11

抗日战争爆发后，在苏联学习的常乾坤、王弼、刘风等 10 余名同志于 1939 年 5 月先后回国。经中共中央同意，由常乾坤、王弼和在国内学习过航空的共产党员郑德哲在新疆开办了一个航空训练班，翻译航空教材、组织红军干部学习航空理论，为在新疆督办航空队学习的红军干部辅导补习。但是，由于形势的变化，航空训练班于 1940 年 10 月停办，常乾坤等人返回延安（图 6.11，中国，延安宝塔山）。

1938 年前后，在抗日民族统一战线得到发展的有利形势下，中国共产党更加注重培养和凝聚航空技术人才。一方面，在国统区的中共党组织选调一批具有相当文化程度的年轻共产党员和进步青年学生报考国民党空军的航空学校，为自己培养航空人才；另一方面，还通过中共地下党组织做工作，争取国民党空军学校和航空工厂的进步青年航空技术人员投身革命队伍。其中学习飞行的有梁邦和、吴凯、魏坚等人；学习航空机械的有张开帙、杨劲夫、郭佩珊、熊焰、徐昌裕、顾光旭等人，他们都先后辗转到达延安，成为创建新中国人民空军和航空工业的骨干。

常乾坤、王弼积极向中央建议成立航空学校。1941 年 1 月，中央军委决定在第 18 集团军组建一所工程学校，培养航空机械工程人才。经过两个多月的筹建，选调马杰三、刘玉堤、吴元任、龙定燎等学员 100 余人。3 月 10 日工程学校在陕北安塞县正式成立，王弼任校长、丁秋生任政委、常乾坤任教务主任。4月6日正式开课。后因为精兵简政，于10月改为工程队，隶属于延安抗日军政大学第3分校。后来抗大3分校改编为延安军事学院，工程队改编为军事学院3大队。

1944年5月，中共中央根据形势变化，决定在第18集团军总参谋部下设航空组，负责调研和处理航空方面事宜。全组30余人，王弼任组长、常乾坤任副组长。这是中国共产党最早正式成立的统管航空的组织机构。航空组成立以后，组织修建了延安机场，组建了延安机场勤务股，油江任股长。1945年担负了往返于沈阳至延安的苏联红军飞机勤务保障任务。国共重庆谈判期间，航空组负责毛泽东一行赴重庆谈判的飞行起降保障任务。

抗日战争胜利后，中国革命处于重要转折关头。汪精卫伪政权和蒋介石国民党空军内的一些有识之士追求真理，反对内战，向往光明，在中国共产党革命政策的感召下，毅然摆脱反动当局的严密控制，接连驾机起义，飞向延安。1945年8月20日，汪伪空军一架日制立川"九九"式双发单翼运输机降落在延安机场（图6.12，中国，立川"九九"式运输机）。这

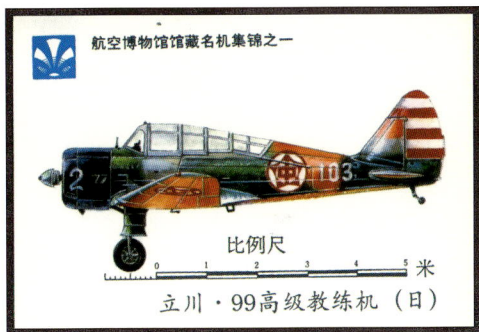

图6.12

是日本送给汪伪政权"国府专机班"使用的"建国"号专机，由汪伪政权少校飞行教官周致和（蔡云翔）、少尉飞行员赵乃强（张华）、黄哲夫（于飞）3人驾驶，少尉飞行员管旭东（顾青）、空勤机械师沈时槐（陈明秋）、黄文星（田杰）3人随同飞抵延安。这次可不是执行专机任务，而是从江苏扬州机场起义来延安投诚的。汪伪空军扬州起义轰动全国，起义人员受到朱德等热情接见和欢迎。参加这次起义的还有汪伪空军航空处主任白景丰（白起）少将等人，他们由共产党地下组织指引，携带眷属从陆路抵达苏北解放区，参加了新四军。

1946年6月26日，在蒋介石发动内战向解放区大举进攻之际，国民党空

图 6.13

军 8 大队上尉飞行员刘善本，毅然驾驶刚从美国接收回来的一架 B-24 型轰炸机起义，从成都机场飞抵延安。同机起义的还有副驾驶上尉飞行员张受益、空勤机械师唐世耀、通信师唐士文以及搭乘的人员。他们受到了延安军民热烈欢迎。毛泽东、朱德等热情接见了起义人员，延安军民还在中央大礼堂举行了隆重的欢迎会。（图 6.13，中国，左图刘善本驾机起义）

刘善本的正义行动，在全国引起了很大反响，同时给国民党空军人员树立了效法的榜样。从 1946 年 6 月到 1949 年 12 月，先后有国民党空军官兵 69 人驾驶 26 架飞机光荣起义。从国民党统治下的汉口、南京、上海、杭州、青岛以及台湾的新竹、嘉义等地，一架接一架地飞向解放区。

1945 年 8 月，八路军晋察冀军区接收了日本侵略军在张北、灵丘和张家口的 2 个机场、2 架飞机和一批航空器材、油料，还有几十名日本飞行和机务人员。为管理这些人员和设施，在张家口成立了晋察冀军区航空站，下设场务科和修理厂，王弼、油江先后任站长。后国民党军傅作义部占领张家口，航空站撤销。

4．创办"东北老航校"

抗日战争胜利结束，中共中央决定利用东北地区的一批机场和飞机器材创办一所航空学校，为创建人民空军培养人才。毛泽东、朱德、刘少奇、周恩来、任弼时、彭德怀等对于建立航空学校都做出了具体指示。刘少奇、任弼时召见王弼、常乾坤传达中央决定，指出在东北创办航空学校是党和人民创建航空事业的新开端，是为建立人民空军做准备，无论如何必须办好。

1945 年 9 月，王弼、常乾坤率领 30 多名航空技术干部从延安赶赴东北，为筹建航空学校收集航空器材。到 1946 年 1 月，在通化、延吉、牡丹江、哈尔滨、佳木斯、齐齐哈尔、辽阳、营口、鞍山等地，收集到 10 余架飞机和一批航空器材。

这期间，东北民主联军总部收编了日本关东军第 2 航空团第 4 飞行大队空地勤官兵 300 余人。这个大队驻辽宁东部奉集堡、凤城等地，大队长林弥一郎。日本政府宣布投降后，他们放弃飞机、器材逃往本溪山区，伺机回国。1945 年 9 月底，东北民主联军参谋长伍修权亲自召见林弥一郎，对其晓以大义进行争取转变的工作。为了考验这位中共高官的诚意，林弥一郎当面索要伍修权身上佩带的勃朗宁手枪。让他意想不到的是，伍修权将军毅然将自己长征以来一直佩带的这支心爱的手枪当即赠给了他。第二天，这支队伍幡然转变，全体投降，被改编为民主联军航空队，驻通化。由蔡云翔任队长，刘风任副队长，黄乃一任政治委员。随后又从延安、山东等地到东北的干部中挑选了 100 多名学员进入航空队。1946 年 1 月 1 日，航空队改编为东北民主联军航空总队，由通化后方司令部司令朱瑞兼任总队长，吴溉之兼政委。总队达 500 余人，编有教导队、民航队、机务队、修理厂等机构。已经集中了各型破旧程度不同的飞机 120 余架、发动机 200 多台、仪表 100 多箱，油料近千桶以及一批航空零部件（图 6.14，中国，为老航校收集飞机和航空器材）。

图 6.14

1945 年 11 月，中共中央东北局决定在东北民主联军总部下设航空委员会，由东北民主联军参谋长伍修权任主任委员，黄乃一为秘书长，刘风、蔡云翔、林保毅（林弥一郎的中文名字）等为委员。

1946 年 3 月 1 日，东北民主联军航空学校在长白山脚下的吉林通化成立。这所航校是由中共中央选派的航空技术干部和东北民主联军航空总队合编组建，代号 31 部队。常乾坤任校长，吴溉之兼政委（6 月由王弼接任），白起任副校长，王弼、黄乃一、顾磊任副政委，蔡云翔任教育长，白平任政治部主任，林保毅任校参议兼飞行主任教官。航空学校设政治部、校务处、训练处、供应处以及学员大队等机构，共 631 人。经过修理拼凑，有 30 余架飞机可以用于训练。

航空学校在极其艰苦的条件下，因陋就简开始了训练。航校不仅教员奇缺，甚至连一本教材都没有。在这种情况下，航校启用从国民党空军和汪伪空军起义归来的人员，以及投降过来的日本飞行和技术人员担任教员，组织全校懂航空、能任教的人员一边编教材一边教学。学员文化基础很差，程度又不一致，航校采用不同的教学形式，短期、速成、联系实际学习航空知识。正当学员进入飞行训练阶段，东北战场形势紧张，国民党空军飞机经常骚扰，

图 6.15

航空学校撤离通化。1945 年 5 月，航空学校辗转迁到牡丹江机场。由于国民党军队对东北解放区再次大举进攻，不断派飞机对牡丹江地区侦察、袭扰，11 月，航空学校再次搬迁至东安（今密山）。（图 6.15，中国东北老航校）。

面对险恶的环境，艰苦的条件，完成从未有过的飞行训练任务谈何容易。首先是飞机奇缺，他们跑遍东北三省找来几十架飞机，经过东拼西凑精心修理，使一架架破旧飞机重上蓝天；仅有的十几架木质初级教练机多数不堪使用，这些经过战火考验的学员们，越过了初级、中级教练机训练，直上日制 99

图 6.16

式高级教练机训练获得成功；飞机上没有无线电通信设备，就靠红、白旗语，甚至靠手势指挥；飞机上没有航空时钟，学员只好在怀里揣上马蹄表上飞机；航空器材奇缺，螺旋桨和机轮不够用，只好几架飞机的机轮轮换使用；汽油严重短缺，他们试验成功用高醇度酒精替代汽油……（图 6.16、图 6.17，中国，东北老航校使用的飞机；图 6.18，中国，老航校用缴获的日制立川 99 教练机训练；图 6.19，中国，老航校机务人员正在拆换机轮）。

图 6.17

航校训练环境极其险恶，训练经常遭受

出其不意的袭扰。一天，一架训练飞机起飞不久，国民党空军一架 P-51 型飞机突然出现在上空。我机上没有自卫武器，紧急着陆时被敌击中起火。日伪和土匪特务的袭扰破坏也时有发生，航校官兵不得不中断飞行训练，提上枪支进山剿匪……（图 6.20，中国，北美 P-51K 歼击机）。

困难一个个被克服，奇迹一个个出现，飞行学员一个个飞上蓝天。就在这样的条件下，硬是培养出了人民军队急需的航空人才。（图 6.21，中国，老航校生活）

1947 年春，航空学校迎来了从盛世才监狱中走出来的战友，学校增添了新的骨干和力量。他们有的担任了领导，有的继续投入飞行训练提高技术。

中共中央和东北局高度重视航空学校的建设发展，1947 年 9 月，加强了航校领导班子，刘亚楼、吴溉之分别兼任校长、政委，常乾坤改任副校长，王弼任副政委，薛少卿任副政委兼政治部主任，刘善本任大队飞行主任教官，白起、林保毅任航校参议。1948 年 1 月，航空学校改名为东北人民解放军航空学校。随着东北战场形势好转，全校由东安搬回牡丹江。1949 年 3 月，航空学校迁到长春，训练规模迅速扩大。继飞行

图 6.18

图 6.19

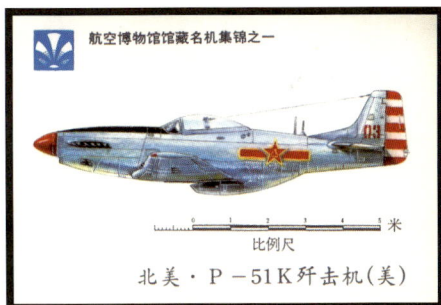

图 6.20

图 6.21

99

教员班，飞行第 1 期甲班、乙班和第 1、第 2 期机械班毕业之后，又开设了第 2、第 3 期飞行班和第 3、第 4 期机械班。还开办了领航、场站、通信、气象、仪表班。在校学员达到 320 余人。5 月，航空学校定名为中国人民解放军航空学校。

从 1946 年 3 月到 1949 年 5 月，4 年间航空学校共培养 126 名飞行员、24 名领航员、322 名机务人员以及通信、场站等各类航空技术人员，他们后来都成为人民空军和新中国航空事业的骨干力量。航空学校为人民空军建设做出了重要的决定性的贡献，是人民空军和新中国航空事业的摇篮，被人们亲切的称为"东北老航校"。

5. 人民空军领导机构成立

辽沈、淮海、平津三大战役胜利结束后，全国解放前夕，中共中央立即决定建立人民空军。1949 年 1 月 8 日中央政治局党内指示中提出："一九四九年及一九五〇年，应当争取组成一支能够使用的空军，以及保卫沿海沿江的海军，这种可能性是存在的。"1949 年 3 月 5—13 日，中国共产党七届二中全会在西柏坡举行。3 月 8 日，毛泽东等中央领导召见东北老航校负责人常乾坤、王弼，详细听取他们关于老航校情况的汇报、对新中国航空事业发展的构想以及"组织统一领导航空事业机构"的建议。（图 6.22、图 6.23，中国，河北平山西柏坡；图 6.24，中国，常乾坤向中央汇报有关空军组建工作）

1949 年 3 月 17 日，中央军委决定成立军委航

图 6.22

图 6.23

图 6.24

空局。3月30日，军委航空局正式在北平成立。常乾坤为局长，王弼为副局长，下设作战教育处（方槐任处长）、航空工程处（油江任处长）及情报科、供给科。从此，在全国解放前夕，一个统管全国全军航空事业的

图 6.25

中央管理机构诞生（图6.25，中国，位于北京灯市口同福夹道7号的军委航空局旧址）。

　　1949年5月，根据任务需要航空局进行了扩编。同时派出几路人马开赴华东、华中、西北各地，接收航空技术人员，接管缴获的航空物资器材。

　　1949年夏，人民解放军战果迅速扩大，全国内陆解放指日可待。中共中央审时度势，决定加快空军建设步伐。明确指出："今后的战局，大陆上已无更多的大仗可打，但海上尚有解放台湾、海南岛两役需费大力。欲达全胜，必须渡海解放台湾，而渡海作战的关键必须有空军、海军和内应。"

　　1949年6月，刘少奇率中共中央访苏代表团进行长达52天的访问和谈判，向苏联政府商请援建中国空军的问题，得到斯大林的同意。就苏联援助空军建设问题，毛泽东、朱德、周恩来等中央领导有很多重要而具体的指示，并派刘亚楼率王弼、吕黎平等飞往莫斯科，参加苏联援建中国空军事宜的谈判。在《中苏友好同盟互助条约》草签后第3天，8月13日中苏达成协议：苏联卖给中国飞机434架，派出顾问878名，援助中国创办6所航空学校。

　　1949年9月21日，在中国人民政治协商会议第一届全体会议上，毛泽东主席宣布："……我们的人民武装力量必须保存和发展起来。我们将不但有一个强大的陆军，而且有一个强大的空军和一个强大的海军。"10月25日，中央军委任命刘亚楼为空军司令员、肖华为空军政治委员兼政治部主任、王秉璋为空军参谋长。空军领导机关是以第四野战军十四兵团指挥机构人员为基础组建起来的。空军领导机关设空军参谋部（后改为司令部）、政治部、训练部、工程部、后勤部和干部管理部。11月11日，中央军委致电各军区、各野战军：中国人民解放军空军司令部现已宣布成立……从此，这一天成为中国人民解

放军空军成立纪念日（图 6.26，中国，毛泽东的批示及空军领导机关）。在这期间，各军区空军的领导机关也相继成立。

图 6.26

6. 创办新中国第一批航空学校

建设空军急需大批飞行人员和各类航空技术人员，中央军委要求以最快的速度组建一批航空学校。根据协议，苏联援助中国建立 6 所航空学校，其中 2 所轰炸机航空学校、4 所歼击机航空学校。1949 年 10 月 30 日、11 月 1 日，经中央军委和毛主席批准，第 1 轰炸机航空学校在哈尔滨、第 2 轰炸机航空学校在长春、第 1 歼击机航空学校在锦州、第 2 歼击机航空学校在沈阳、第 3 歼击机航空学校在济南、第 4 歼击机航空学校在北京分别建立。原东北老航校的部分人员分别编入了新组建的各航空学校，不少东北老航校的大队长和处级有飞行经验的干部成为新组建航空学校的校长。11 月 18 日在牡丹江组建第 7 航空学校，培训运输机空、地勤人员。中央军委于 1949 年 12 月 20 日颁布命令，将上述航校依次定名为中国人民解放军第 1 至第 7 航空学校（图 6.27，中国，"首都航空学校"成立）。

图 6.27

这批新的航空学校，迅速在遭受战争破坏的机场上建立起来。878 名苏联专家到达各所航校，135 架苏制乌拉 -9 型、雅克 -18 型、雅克 -12 型飞机陆续进口。从中央军委批准创办，到 1949 年 12 月 1 日，前后仅用 50 多天时间，7 所航空学校全部正式开学。

迅速组建航空兵部队，配合陆海军渡海解放台湾，是中央军委的既定战略部署。中央军委根据当时形势，决定航空学校要在 6 个月内能够训练出 2 个歼击机团、1 个轰炸机团所需的空、地勤人员。面对紧迫的训练任务，空军领导和各航空学校千方百计克服困难，采取了各种应急措施。1950 年 1—2 月，各航空学校飞行训练相继开始。歼击飞行训练使用苏制雅克 –18 型初级教练机、雅克 –11 型中级教练机、乌拉 –9 型战斗教练机和拉 –9 型歼击机。轰炸飞行训练使用的是雅克 –18 型初级教练机、乌特伯 –2 中级教练机、乌图 –2 型轰炸教练机和图 –2 型轰炸机。运输航空学校继续使用日制教练机（图 6.28，中国，左图雅克 –18 机群飞机；图 6.29，中国，雅克 –11 中级教练机；图 6.30，中国图 –2 轰炸机）。

图 6.28

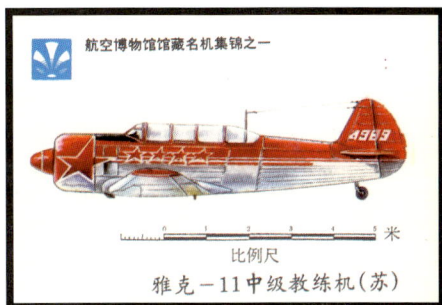

图 6.29

1950 年，空军在经过 3 次扩大航空学校培训规模后，仍然满足不了大规模组建部队的需要。1951 年起，空军在沈阳、长春、太原成立第 8、第 9、第 10 地勤航空学校。采取空、地勤分校分训的模式，将 6 所航空学校中培训地勤人员的任务分离出来交给地勤航空学校培训，扩大了规模，提高了质量和效率。1953 年 1 月和 2

图 6.30

月，第 11、第 12 航空学校分别在陕西户县和山西临汾成立。同时在北京南苑成立了空军中级指挥员训练班，通过轮训提高航空兵部队飞行指挥员的战术素养和指挥能力。到 1953 年底，空军航空学校共培养出飞行人员 5945 名、地勤人员 24000 名以及军事、政治、后勤干部 1396 名。为航空兵部队的快速组建创造了条件。

7. 迅速组建空军部队

1949 年 4 月 20 日，毛泽东、朱德发布《向全国进军的命令》，人民解放

军发起了渡江战役，23 日攻占了国民党政权总统府，解放了南京。5 月 4 日，国民党空军出动 6 架 B-24 型轰炸机，对北平南苑机场进行轰炸，投弹 30 枚，毁伤飞机 4 架、机库 1 座，24 人伤亡。北平安全受到严重威胁。中共中央根据形势发展，预定 9 月在北平召开中国人民政治协商会议。为了北平的空中安全，为了政协会议的顺利召开，中央军委副主席周恩来指示军委航空局迅速组建一支空中作战分队，负责北平地区的空防。军委航空局迅速调集 10 名飞行员和 10

图 6.31

图 6.32

余架飞机。8 月 15 日，第一个飞行中队在北平南苑机场成立。徐兆文任队长、王平阳任政委。飞行中队下辖 2 个战斗机分队、1 个轰炸机分队和 1 个地勤分队（图 6.31，中国，副票为空军第一个飞行中队待命起飞）。9 月 5 日，新中国空军第一支部队开始担负北平地区防空作战任务。10 月，增加了 1 个运输机分队。

人们不会忘记这支刚刚组建的人民空军第一支部队，在新中国开国大典上以雄伟的空中编队接受了检阅。（图 6.32，中国第一个飞行中队开国大典受阅）

1949 年底，国民党蒋介石逃到台湾后不断对东南沿海地区的上海、宁波、南京、徐州、福州、广州等重要城市进行轰炸破坏。特别是 1949 年 10 月至 1950 年 2 月，上海遭受空袭 26 次。1950 年 2 月 6 日，国民党空军出动飞机 17 架，对上海狂轰滥炸。但是，当时的人民空军还不具备保卫上海的作战能力。1950 年 2 月，中国政府商请苏联政府派空军来华协助保卫上海及沿海城市安全。2 月至 3 月，苏联空军巴基斯基中将率部到达徐州、南京、上海等地，担负起了要地防空任务。这支部队先后击落了国民党空军入侵飞机 5 架，打击了台湾当局的嚣张气焰，保卫了上海地区的空防安全。

为了保卫新中国的领空，配合陆海军解放沿海岛屿，在各航空学校速成班刚刚毕业之际，即于1950年6月19日，空军在南京组建了第一支航空兵部队—空军第4混成旅。该旅下辖2个歼击机团、1个轰炸机团、1个强击机团。混合编成的目的是为了取得各类航空兵部队训练作战经验，为以后部队大规模扩编创造条件。8月8日混成旅移驻上海。旅长由华东军区空军司令聂凤智兼任，李世安任政委。下辖第10歼击机团，装备米格–15型喷气式歼击机，驻上海大场、虹桥机场；第11歼击机团，装备拉–11型活塞式歼击机，驻上海江湾机场；第12轰炸机团，装备图–2型轰炸机，驻南京机场；第13强击机团，装备伊尔–10型强击机，驻徐州机场。空军混成旅在苏联巴基斯基部队帮助下，经过3个月的突击训练，完成了改装飞行任务。1950年10月苏联巴基斯基所部奉命回国。其装备的119架飞机作价交给中国，10月17日，由华东军区陈毅司令员主持正式接收苏军装备。19日起，混成4旅正式担负上海地区防空作战任务（图6.33，中国，苏制米格–15型歼击机；图6.34，中国，苏制拉–11型歼击机）。

在与苏联商谈援建中国空军期间，刘亚楼向军委提出组建空降兵的建议。经同意，与苏联商谈了聘请顾问和订购降落伞事宜。当时空降兵成立主要目的是为了在解放台湾的登陆作战中，采取伞降和机降的方式投入敌后作战，因此对于部队兵员质量要求很高。1950年4月，中央军委电示从陆军部队选调一批战斗英雄和模范班、排长组建空军陆战队。7月26日，空军陆战第1旅旅部在上海组建。旅长王建青，后因为身体原因改由朱云谦担任。为便于组织空降训练，旅部机关移驻河南开封。1950年9月16日，召开了空军陆战第1旅成立大会。旅部设司令部、政治部、炮兵司令部、技术处、医务处、供给处等，下辖狙击、坦克、迫击炮、战防炮等7个营和高射机枪、工兵、通信等7个连，另设1个教导队。1950年12月，该旅扩编为空军陆战第

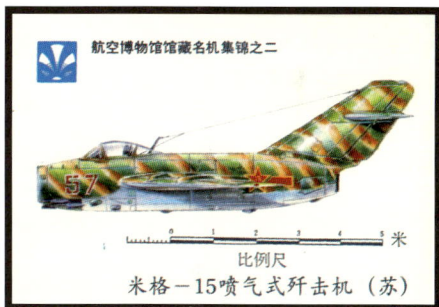
米格–15喷气式歼击机（苏）
图 6.33

图 6.34

1 师。如今的中国人民空降兵部队,就是在这支部队的基础上逐渐发展起来的。

1950 年上半年,空军各航空学校第 1 期完成班学员陆续毕业,空军组建航空兵部队的步伐加快。人民空军是在陆军基础上建立起来的。在 1950 年、1951 年两年期间,中央军委为大规模迅速组建空军部队,从陆军部队调给空军建制师部 12 个、团部 49 个。组建航空兵部队所需大批的飞机仍然是向苏联政府订购。共购得各型飞机 586 架,其中拉 -9 型歼击机 260 架、图 -2 型轰炸机 198 架、各型教练机和通信机 108 架。但是,这些飞机还不能满足大规模组建空军部队的需要。朝鲜战争爆发后,美国军用飞机不断侵入中国领空,轰炸扫射中国东北边境地区,严重威胁我国安全。根据中苏两国政府协议,从 1950 年 8 月至 12 月,苏联空军 14 个航空兵师,分别到达中国东北、华北、华东、中南地区,协助担负当地防空任务,同时帮助中国空军部队进行改装飞行训练。改装训练完成以后,除一个米格 -9 型歼击机师以外的全部苏联装备有偿地移交给了中国空军部队,这些装备成为中国空军组建第 2、第 3、第 4 批航空兵部队的主要来源(图 6.35,中国,左图 苏制拉 -9 型歼击机)。

图 6.35

第 2 批组建航空兵部队 3 个旅,不久该番号改为师。第 2 歼击机师于 1950 年 11 月 25 日在上海成立,师长刘善本、政委张百春。第 3 歼击机师于 1950 年 10 月 5 日在沈阳成立,师长方子翼(后方调出,夏伯勋任代理师长)、政委高厚良。第 4 歼击机师于 1950 年 10 月 28 日由原第 4 混成旅改编而成,师长方子翼、政委李世安。

第 3 批组建航空兵部队 5 个师。于 1950 年 11 月至 12 月 27 日先后组建了第 5 强击机师,第 6、第 7、第 9 歼击机师、第 8 轰炸机师。

从 1950 年 10 月至 1954 年初,空军边训边建、边打边建,从小到大,从弱到强,分 7 批组建了 28 个航空兵师、70 个航空兵团,装备了歼击机、强击机、轰炸机、侦察机、运输机等各型飞机 3000 余架,建立起了飞机数量排在世界第 3 位的空中力量。人民空军的建军速度,世界航空发展史上罕见。

七

抗美援朝 雏鹰展翅

　　1950年6月25日，朝鲜内战爆发。7月初，以美国为首的"联合国军"介入朝鲜内战。9月15日，由"联合国军"总司令麦克阿瑟指挥的7万余军队在仁川登陆。10月1日越过"三八线"，10月19日占领平壤，向中朝边境进逼，并不断派遣飞机到中国东北领空肆意侦察轰炸。

　　为了保卫新生的共和国，为了援助朝鲜人民，中国政府应朝鲜政府的请求，毅然做出"抗美援朝，保家卫国"的重大决策。10月19日，由彭德怀任司令员兼政委的10万中国人民志愿军，分3

图7.1

路悄然跨过鸭绿江，同朝鲜人民军并肩作战。（图7.1～7.3，中国，中国人民志愿军出国作战二周年纪念；图7.4，朝鲜，彭德怀和金日成）

图7.2

图7.3

　　朝鲜战争期间，美国空、海军在战场上投入了14个联（大）队，作战飞机1100多架，英国、澳大利亚、南非及南朝鲜李

图7.4

图 7.5　　　　　　图 7.6　　　　　　图 7.7

承晚集团的飞机约 100 余架。主要机型是先进的 B-29 战略轰炸机、B-26 战术轰炸机、F-84 和 F-80 战斗机，后期投入了最先进的 F-86 战斗机（图 7.5、

图 7.8

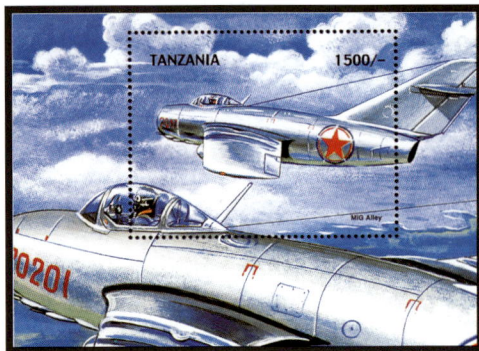

图 7.9

图 7.6，马绍尔群岛，美国 F-80、F-84G 型战斗机；图 7.7，莫桑比克，美国 F-86 型战斗机）。飞行员大多参加过第二次世界大战，飞行时间多在 1 千小时以上。当时，中国空军航空兵部队正在组建之中，朝鲜战争初期的空战主要是靠苏联派出的部分航空兵和高炮部队。中国空军新组建的 2 个歼击机师、1 个轰炸机团、1 个强击机团，各型飞机不足 200 架，歼击机以米格 -15 型飞机为主（图 7.8，俄罗斯，米格 -15 型歼击机；图 7.9，坦桑尼亚，米格 -15 型飞机）。力量对比异常悬殊，使得麦克阿瑟宣称：中国根本没有空军。然而就是这支被美国人极端蔑视的部队，创下了令人瞩目的战绩。

1. 确立作战方针　组织实战练习

战火烧到鸭绿江边，严峻的战争形势，已经不能等志愿军空军建好了、练好了再去打仗，只能是边建边打、边练边打，以老带新、轮番参战，在战斗中锻炼、在战斗中成长。面对数量、技术占绝对优势，并有空战经验的世界头号对手，志愿军空军十分重视战略战术的研究和应用。缜密分析敌我形势，确定了"在实战中锻炼，在战斗中成长"和以地面部队胜利为胜利"以保障地面部队的战斗活动、满足地面部队需要为前提"的指导思想，确立了"积蓄力量，选择时机，集中使用"的作战指导方针。在兵力使用上，认为须避免过早地零星使用兵力，而应加速训练积蓄力量，在达到数量规模以后，变整体劣势为局部优势，再集中兵力寻机歼敌达成战果。为了统一指挥空中作战行动，中国人民志愿军空军司令部与朝鲜人民军空军组成中朝空军联合司令部，刘震任司令员，王琏（朝鲜）、常乾坤任副司令员。

1950 年 12 月 21 日，志愿军空军第 4 师 10 团 28 大队，在师长方子翼率领下首先进驻安东浪头机场，开始以大队为单位进行实战练习，以取得经验。这些飞行员虽然都是来自陆军的年轻优秀干部，又经过东北老航校和人民空军新航校的训练，飞过日制和苏制的活塞式飞机，可是飞行时间平均不到100 小时，在米格 –15 喷气式飞机上平均只飞了 22 小时，刚刚飞完了大队编队和双机空战课目，飞行战术技术尚待提高。（图 7.10，中国，志愿军米格 –15 飞机起飞歼敌）

图 7.10

1951 年 1 月 21 日，28 大队与美国空军进行了首次空战。大队长李汉率 6 架米格 –15 型歼击机接近安州上空，发现美 F–84 飞机正在对清川江地区俯冲轰炸。李汉机群的突然出现，让美机有些慌乱。李汉乘机迂回到 4 架美机左侧 400 米处，立即瞄准开炮将美机长机击伤。这是中美空军在朝鲜战场上第一次空中较量。

1 月 29 日，在定州、安州上空，美军 16 架 F–84 型战斗轰炸机分上下两层飞向定州火车站和清川江大桥。李汉率领 8 架米格 –15 型歼击机起飞迎战。机群首先迂回到敌机群后方，并占据了高度优势，李汉乘敌不备率队攻击上层

8 架飞机。美机慌忙分成 2 个 4 机编队向左右转弯摆脱，李汉急转跟进，紧紧咬住一架美机，加大油门，逼近 400 米，三炮齐射，当即将其击落。位于下层的 8 架美机企图反扑，我军担负掩护的 2 中队以猛烈的炮火将其驱散。李汉乘胜追击，又击落一架敌机。28 大队 8 架飞机无一损伤，全部安全返航。李汉首开志愿军空军击落美军飞机记录，荣立一等功。这次胜利的影响远远超出其军事意义。（图 7.11，中国，志愿军空军抗美援朝作战；图 7.12，朝鲜，飞行员驾驶米格 –15 飞机空战）

图 7.11

图 7.12

1951 年 1 ～ 2 月，继 28 大队实战练习之后，志愿军空 4 师 29 大队、30 大队和 12 团各大队先后进驻安东浪头机场，进行第 2 批实战练习。

2. 突击训练 轮番作战

志愿军空军部队是在很短时间内组建起来的，训练进度参差不齐，有的还没有飞过战斗课目，还不具备作战能力，战前突击训练势在必行。空军确定，以完成参战准备为目标，抓住参战必备的重点课目突击训练，在 2 个半月内达到参战水平。在各部队突击训练的基础上，空军在沈阳东陵组织参战部队大队以上干部参加试验性演习，在沈阳、安东、辽阳之间进行了一次历时 19 天的大规模联合飞行战术实兵演习，有力的促进了战斗力的提高。

中国人民志愿军和朝鲜人民军经过 5 次战役，把"联合国军"和南朝鲜军队打退到"三八线"附近。1951 年 7 月 10 日，美方被迫与朝、中两方举行谈判。但是，美方一面谈判，一面发动新的"夏季攻势"，对朝鲜北部实施以破坏铁路、公路运输线为主要目的所谓"绞杀战"计划。

经受了实战练习的空 4 师，经过休整总结强化训练之后，于 1951 年 9 月 12 日全师 56 名飞行员，再次开赴安东浪头机场参战。从 9 月 25 日起，空 4 师同美军展开了激烈的大机群空战。当日，该师出动米格 –15 飞机 32 架，配合友军空军与袭击清川江大桥的5批112架战斗机和战斗轰炸机混合机群进行空战。这次空战，12团1大队大队长李永泰遭到数架美军F-86型战斗机围攻，座机中弹30余发受伤56处，仍然沉着应对安全返航。飞行员刘涌新为掩护友机安全，单机与6架F-86型战斗机缠斗，击落其中1架，后遭到5架美军飞机围攻，不幸中弹壮烈牺牲。38天中，空4师战斗出动29批508架次。其中，双方200架以上的大机群空战有7次。共击落美机20架、击伤10架。使得美军的"绞杀战"计划严重挫折，不得不承认"战斗轰炸机除了扔掉炸弹、四散逃命之外，别无他法"。毛泽东在反映空4师的战报上批示："空4师奋勇作战，甚好甚慰"。（图7.13，保加利亚，苏联米格-15飞机）

图 7.13

3. 空3师捷报频传

1951年10月20日，空4师奉命调回沈阳休整。同日，由代师长袁斌和政委高厚良率领，空3师50名飞行员驾驶50架米格-15型歼击机到达安东前线。他们学习空4师的空战经验，摸清美机活动特点和规律，反复研究空战战术。

从11月2日至10日，连续与美军分散活动的小机群空战5次，击落击伤美机8架，而自己仅轻伤1架。空7团1大队大队长刘玉堤击落击伤美机2架，3大队副大队长赵宝桐击落美机2架。

经过5次小规模空战积累经验，11月16日起，空3师开始与美空军展开大机群空战。11月18日14时许，美军9批184架飞机活动于永柔、安州和清川江一带。14时24分，空3师9团副团长林虎率16架米格-15型歼击机起飞迎敌。1大队大队长王海及时发现左前方低空有60多架F-84飞机正在盘旋活动，地面上冒起滚滚浓烟，敌机正在轰炸清川江大桥。"跟我攻击！"王海果断发出命令，率1大队8架飞机从6000米高度一直俯冲到1500米，一下子打乱了美机阵形。由于双方混战一起,美机虽然占有数量优势,但一时无法施展兵力。王海大队长忽而拉起爬升,忽而俯冲直下,经过几番上下冲击,美机队形大乱。王海大队长抓住有利战机,连续发起攻击。王海和僚机焦景文,在五六百米距离开炮,各击落2架美机。4号机孙生禄抵近1架F-84飞机,300米开炮,打得美机凌空开花。郑兰儒也击落1架美军F-84飞机。这次空战,空3师共击落美机6架,其中5架是1大队击落,创造了5比零的惊人战果。1大队作战积极主动,机智果敢,几分钟内接二连三击落美机,然后果断退出,没有恋

图 7.14

战,避免了众寡悬殊下可能出现的不利。王海率领的大队,在抗美援朝80多次空战中,英勇顽强,机动灵活,击落美机29架,击伤美机40架,荣立集体一等功,被誉为"英雄王海大队"。王海一人击落敌机4架、击伤5架,被授予一级战斗英雄称号。(图7.14,圣多美与普林西比,抗美援朝、王海)

11月23日,空3师7团副团长孟进率20架米格-15飞机升空作战,经过激烈空战,打退了美机的进攻,击落美机7架、击伤1架,我军仅1架飞机受伤。这一天,1大队大队长刘玉堤,首创一次空战1人击落4架敌机的记录。当刘玉堤加大油门接近敌机时,8架敌F-84飞机狡猾地下降高度,企图向海面上逃窜。刘玉堤与僚机紧紧咬住最后两架美机,一直追到海面上空,眼看就要逼近海面了,美长机慌忙拉起转弯脱逃,可为时已晚,刘玉堤紧随其后在440米处果断开火,敌机凌空开花坠入大海。敌僚机慌乱机动躲避,恰巧将机腹亮相,刘玉堤再次扣动发射按钮,敌机拖着浓烟一头栽了下去。刘玉堤打下2架敌机后,单机返回战区上空。这时,他发现7架F-84飞机正在轰炸铁路运输线。刘玉堤迅速跟上后面那架敌机,紧追不舍,逼得敌机一个俯冲钻进了山沟。刘玉堤依然咬住不放,眼看就要撞山了,敌机一

个猛拉杆，刘玉堤抓住时机瞄准锁定立即开炮，敌机应声爆炸，第3架！刘玉堤立即上升高度寻找自己的机群，不料又与几十架返航美机遭遇。机会又来了，刘玉堤心中暗喜。他悄悄地降低高度，迅速接近并咬紧后面两架敌机，正欲开炮时，敌机发现不妙，左右分开规避，妄图各自逃命。刘玉堤一个急转弯，瞄准敌僚机，在150米近距离上开炮，敌机凌空爆炸，第4架！趁敌机群惊魂未定，刘玉堤凭借米格-15的优良上升性能一下子跃上万米高空，乘势退出战区，安全返航。前后20多分钟，4架F-84飞机葬身刘玉堤的炮口之下！刘玉堤共击落敌机6架、击伤2架，荣立特等功，被授予一级战斗英雄称号。

1951年12月2日、5日和8日，空3师又接连参加3次双方达300架飞机的大规模空战，并且与美空军当时装备最好的F-86型战斗机较量，取得击落F-86飞机9架、击伤2架的战果。在12月5日的空战中，飞行员罗沧海敢于逼近敌机，分别在340米、240米、145米距离上，近、准、狠地接连击落3架美军飞机，创造了新的近战纪录。

空3师参战86天，出动飞机2391架次，进行大小空战23次。大队长刘玉堤、赵宝桐各击落美机6架、击伤美机2架，大队长王海、飞行员范万章各击落击伤美机5架，飞行员焦景文击落击伤美机4架，团射击主任刘国民、飞行员刘德林、罗沧海各击落美机3架。共击落美机55架，击伤8架，被击落16架，被击伤7架。（图7.15，中国，英雄赵宝桐）毛泽东主席看到空3师的战报后非常高兴，当即挥笔写下："向空3师致祝贺"。

图 7.15

在志愿军空军的英勇打击下，美空军在鸭绿江和清川江之间的"空中优势"严重削弱。美国空军参谋长范登堡将军惊呼："共产党领导下的中国几乎在一夜之间就变成了世界主要空军强国之一。"

4．轰炸大和岛、小和岛

志愿军总部决定攻占位于鸭绿江口外朝鲜西海面的大和岛、小和岛，拔掉岛上的情报机构。1951 年 11 月 2 日，空 3 师 7 团、空 2 师 4 团先后出动 4 架米格 –15 型飞机和 4 架拉 –11 型螺旋桨飞机对大、小和岛分别进行了空中照相侦察。11 月 5 日，志愿军 50 军成功登陆大和岛附近的椴岛。为了巩固登陆战果，我军准备次日轰炸大和岛。这是志愿军空军轰炸机部队首次执行战斗任务。空 8 师 22 团副团长率领 2 大队图 –2 轰炸机 9 架，由空 2 师 4 团 16 架拉 –11 飞机护航，于当日下午飞向大和岛。3 师 7 团 24 架米格 –15 飞机负责空中警戒。这次作战，行动突然，配合默契，没有遭到美机拦截，9 架轰炸机全部炸弹倾泻到大和岛的预定目标，命中率达 90%。

经过紧张周密的战斗准备，志愿军 50 军决定 11 月 30 日 23 时攻占大、小和岛。30 日 14 时 20 分，空 8 师 24 团 1 大队大队长高月明率领 9 架图 –2 轰炸机，从沈阳于洪屯机场出航，与担负直接护航的空 2 师 4 团团长徐兆文率领的 16 架拉 –11 歼击机（图 7.16，中国，苏制拉 –11 型活塞式歼击机）会合后，编成联合机群飞向大和岛。机群刚飞入海面，突然遭到美空军 30 多架 F–86 战斗机的偷袭，3 中队左右僚机宋风声机组、梁志坚机组被击落。联合机群的飞行员们坚定沉着，勇往直前，击退敌机多次攻击，且战且进到达预定目标上空，全部炸弹倾泻岛上，完成了轰炸任务。在这次空战中，24 团刘绍基击落一架 F–86 型战斗机，开创了空战史上活塞式轰炸机击落先进的喷气式战斗机的范例。4 团王天宝、徐怀堂等击落 F–86 飞机 2 架、击伤 5 架。但是，执行这次任务也有重大损失和教训，被敌击落飞机 7 架、击伤 5 架，空中协同失误，担负掩护的歼击机没能发挥应有作用。

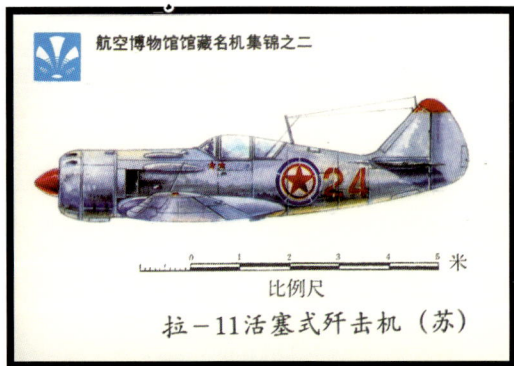

图 7.16

5．击毙美军"空中英雄"戴维斯

1951年11月，朝鲜停战谈判出现可能达成协议的迹象。为了能使更多的部队得到实战锻炼，志愿军空军大批部队开赴前线投入战斗。经过实战锻炼的空4师不仅完成了带领新部队的任务，而且在空战中再次取得突出战绩。

1952年2月10日上午，数批美机侵入平壤地区，空4师2个团34架米格–15型歼击机分为攻击队和掩护队，以"品"字队形，急赴战区。第12团大队长张积慧首先发现美机，根据带队长机阮济舟的指令，张积慧和僚机单志玉投掉副油箱，迅即拉杆爬高抢占高度优势，不料目标消失。他们加大油门搜索目标，突然张积慧透过右后方云层缝隙发现8架美机向他们窜来，即将接近射击距离。张积慧提醒僚机"注意保持队形"，随后猛然做了一个右转上升动作，后边的美机一下子冲到了前面扑了个空，张积慧和单志玉顺势双双咬住了美机中的长机，美机见势不妙，拼命摆脱。张积慧继续加大油门猛追，逼近600米，瞄准开火，三炮齐射，一架F–86型战斗机坠毁在朝鲜博川郡三光里的一个山坡上。

此时的张积慧，无暇顾及他的对手如何下坠，而是迅速拉起，直追另一架美机。当张积慧逼近开炮距离时，美机突然上升转弯，张积慧也紧跟着上升转弯，并从内圈切半径靠近美机，在400米距离上瞄准开炮，打得美机凌空解体。仅仅1分钟内，张积慧在僚机单志玉的紧密配合下，接连击落2架美机。

空战结束后，当地志愿军部队从坠毁的美机残骸中发现一枚不锈钢证章，上面刻着：第4联队第334中队中队长乔治·阿·戴维斯少校。这个戴维斯就是飞行约3000小时，"二战"中战斗飞行266次的美国"特别勇敢善战"的"空中英雄"。戴维斯被志愿军空军击落，信息传出，舆论哗然。美国远东空军高层承认：戴维斯被击毙"是对远东空军的一大打击"。（图7.17，中国，英雄张积慧）

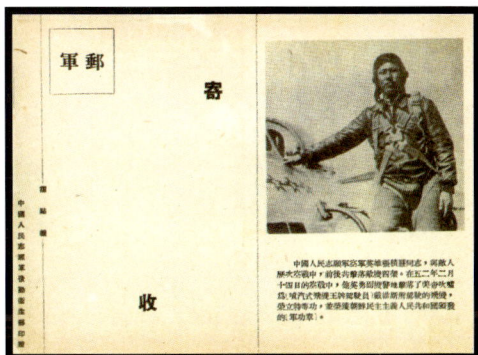

图7.17

志愿军空军在实战中经受锻炼，逐步适应喷气式歼击机作战特点，不断探索大机群空战规律，总结制定了以 4 机编队为单位，多层配置，保持一域，协同作战的"一域多层四四制"空战战术原则。作战指挥组织逐步健全，积累总结出适应空中作战特点的工作经验。志愿军空军变总体劣势为局部优势，不断争取空战主动。至 1952 年 5 月底，志愿军空军与苏联空军配合打击美军混合大机群，击落美机 122 架、击伤 41 架，空中战线从鸭绿江一线推至清川江以南。美军空中优势受到削弱，已经难从空中对交通线实施封锁，被迫放弃对安州—西浦—介川三角地区（被美方称"米格走廊"）的封锁，使新义州、熙川至平壤的 2 条铁路干线交通运输得以保障，侵朝美军历时 10 个月的"绞杀战"没有达到目的。

6. 击落美军"双料王牌"费席尔

1953 年 4 月、5 月间，美国空军先进的 F-86 型战斗机已有 4 个联队，320 余架飞机，还调来一批由飞行时间一两千小时的"王牌飞行员"组成"航猎组"，专门偷袭志愿军空军正在起飞或着陆的飞机。开始，没有经验的志愿军空军吃了几次亏。4 月 7 日下午，空 15 师 43 团 12 架米格-15 比斯型歼击机与美空军 F-86 型战斗机群空战后返航。飞行员韩德彩和他的长机张牛科在掩护战友着陆后，也拉开距离，准备着陆。突然他们耳机里传来指挥员命令："拉起来，拉起来，有敌机！"韩德彩拉起机头，同时四处搜寻，终于发现一架美机正在追击一架友军飞机。正当韩德彩加大速度准备占位攻击之际，这架美机发现张牛科驾机正在着陆，立即扑上去。韩德彩连忙向张牛科报警："3 号，3 号，拉起来！敌人向你开炮！"可是为时已晚，张牛科已经躲闪不及，飞机中弹受伤，而美机仍然咬住不放。此时，韩德彩已经顾不得飞机油量警告灯已经闪亮报警，加大油门，推杆加速，冲向美机。美机见势不妙，立即放弃着陆的飞机，慌忙逃跑。韩德彩紧追不放，经过几个回合的空战格斗，韩德彩逼近约 300 米的距离，紧紧按住开炮按钮，一阵猛烈的射击，美机应声坠落，飞行员即时跳伞，被志愿军高炮部队活捉。

这个飞行员是美国空军第 51 联队上尉小队长哈罗德·爱德华·费席尔，击落过 10 架飞机，在美军被称为"双料王牌驾驶员"。费席尔被俘后依然对自己被击落不解和不服。一再要求见一见他的空中对手。当年仅 20 岁、飞行时间不到 100 小时的韩德彩英姿焕发的出现在他眼前时，费席尔瞠目结舌，竟然不敢相信自己的眼睛。

7. 保卫重要战略目标

美军在其"绞杀战"失败后，从 1952 年夏季开始，除继续破坏交通运输线外，将空中突击的重点转向工农业和军事战略目标，连续组织大规模的空中战役，破坏朝鲜北部的水力发电、水利灌溉系统和军队补给系统。1952 年 6 月 23 日，美国空、海军联合出动 500 多架战斗轰炸机，在 100 余架战斗机的掩护下，轰炸鸭绿江上的拉古哨（水丰）发电站和朝鲜境内的几处水力发电厂。连续一周每日出 300～600 架次轰炸发电系统和交通枢纽。志愿军空军在苏联空军的协同下，与地面防空部队配合，积极保卫清川江以北的重要目标和交通运输线，并将战术性掩护作战过渡到战役性防空作战（图 7.18，中国，志愿军高炮部队击落敌机）。不断派出机群到平壤以南空域巡逻，多次击退北犯的美国空军轰炸机群，迫使其不得不将活动空域收缩到平壤以南。

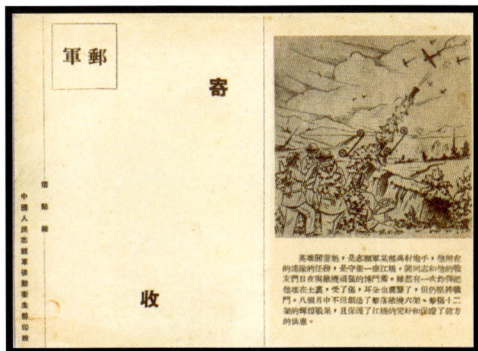

图 7.18

1952 年冬，志愿军空军组织部队进行轮番作战，采取由少到多、以老带新、老新结合，先打弱敌、后打强敌等办法，以师为单位轮番参战。空军参战部队在"一域多层四四制"的原则指导下，灵活变换战术。采取提前起飞，以小编队、多层次、多批路出动，运用引诱、迂回、夹击以及打大机群与打小机群穿插结合的战术，频频越过 F-86 的"阻击屏幕"攻击战斗轰炸机。11 月 2 日，志愿军空军运用诱敌战术，从西路插到宜川，吸引 60 多架 F-86 飞机，掩护友军击落偷袭拉古哨发电站的美军战斗轰炸机 14 架。11 月 15 日，志愿军空军运用钳形战术攻击 F-86 机群，第 3 师的副团长王海率队迂回到清川江以南掉头向

北打其侧后，第 12 师的副团长王华清率队由北向南打其正面，两支部队在泰川空域夹击 F-86 机群，击落美机 4 架。1952 年冬至 1953 年春，美国空军将 F-86 飞机增加到 300 余架，并组织一次新的封锁交通线战役，派飞机越过鸭绿江偷袭志愿军空军返航的飞机。志愿军空军不断出动多梯队小机群连续进至清川江以南截击美机，多次迫使其中途投掉炸弹仓皇南逃。从 5 月 13 日开始，一连数日美军出动大批飞机，对朝鲜多处水库堤坝进行反复的轰炸。志愿军空军每日出动大量的飞机同其进行大规模空战，这场空中交战一直持续到停战前夕。

在第三阶段作战中，志愿军空军在作战规模、空地指挥、空中战术和地面保障等方面，都有较大的改进和发展，获得了新的经验，并训练出在昼间复杂气象和夜间一般气象条件下都能作战的部队。第 4 师的副团长侯书军在 1953 年 5 月的一次空战中创造了夜间击落敌机的纪录。

中国人民志愿军空军在 2 年 8 个月的抗美援朝战争中，"从实战中锻炼，在战斗中成长"，由不会打空战到学会打空战，由能打小规模的空战到能打大规模的空战，胜利地完成了掩护交通运输线，保卫重要目标和配合地面部队作战的任务。先后有第 4、第 3、第 2、第 14、第 6、第 8、第 15、第 12、第 10、第 17、第 16、第 18 等 10 个歼击航空兵师 21 个团、2 个轰炸机师 3 个大队参战，实战 366 批 4872 架次，373 名飞行员开过炮，212 名飞行员击落击伤过敌机。共击落敌机 330 架，击伤 95 架。

由于志愿军空军在总体上处于劣势，因而也付出了很高的代价，被击落飞机 231 架、击伤 151 架。作战中，志愿军空军发扬革命英雄主义精神，开展立功运动，立集体一等功的单位 6 个，立集体二等功的单位 2 个；特等功臣 16 名，一等功臣 68 名，其中有 21 人获得英雄模范称号。赵宝桐、王海、孙生禄、张积慧、鲁珉、刘玉堤为一级战斗英雄、特等功臣。

第二次世界大战末期出现的喷气式飞机，在朝鲜战争中得到大规模的使用。志愿军空军在现代空战中经受了考验和锻炼，并迅速成长壮大，培养了大批的空勤、地勤人员，指挥员和专业军官，对中国人民解放军空军的长远建设和发展具有重要而深远的意义。

八 航空工业　龙腾东方

　　航空工业是一个国家经济基础、科学技术、工业化水平和国防实力的综合体现。新中国的航空工业在抗美援朝的战火中诞生，60年来，走出了一条从飞机修理到航空制造，再到自主研发的具有中国特色的发展道路。（图 8.1，中国，中航工业 60 周年纪念大会于 2011 年 4 月 17 日于人民大会堂召开纪念封）

图 8.1

1. 修理起步　艰难创业

　　连年战争使得原本薄弱的工业基础设施破坏殆尽，1949 年新中国成立之初，百废待兴，百业待举。共和国的领袖们开始运筹新中国的航空工业，依据中苏专家联合考察评估的结果，选择了 22 个简陋破旧的工厂，准备改

建为航空工厂。

1950 年 1 月，重工业部代部长何长工和空军司令员刘亚楼联名向中央报送了关于航空工业建设的 2 份意见书。3 月，重工业部设立了航空工业筹备组，负责人为吴大观和周华仁，在刘鼎副部长领导下展开工作。

1950 年 6 月，朝鲜战争爆发，失去制空权的战场形势使得航空工业的重要作用顿时突显，创建共和国航空工业的进程刻不容缓。1950 年 12 月下旬，由政务院总理周恩来主持召开了 2 次会议，研究创建中国航空工业的方针原则和发展道路以及争取苏联援助的问题。周恩来在总结中明确"中国航空工业的建设道路，是先搞修理，由小到大，由修理发展到制造。"

1951 年元旦，重工业部部长何长工率代表团赴苏联请求帮助中国援建航空工业。1 月 30 日，中苏双方就援建 6 个航空工厂等事项达成协议，随即开始行动。为满足抗美援朝飞机修理急需，5 月初，苏联一列 26 节车厢的野战航空修理列车到达沈阳。这是一个流动的航空修理厂，开始紧急抢修志愿军的战伤飞机。随后，根据协议苏联航空工程技术专家、顾问陆续到达各修理厂展开工作。

1951 年 4 月 17 日，中央人民政府革命军事委员会和政务院颁发了《关于航空工业建设的决定》。4 月 18 日，由段子毅任局长的重工业部航空工业管理局开始在沈阳办公。1952 年 8 月，中央人民政府决定成立第 2 机械工业部即国防工业部，赵尔陆为部长兼航空工业局局长，由王西萍、段子毅、王弼、油江、徐昌裕、陈少中、方志远和李兆翔组成局领导班子。

在抗美援朝战争背景下，当务之急是修理恢复战伤飞机。航空工业管理机构以战时工作效率组建，迅速组织所属工厂展开工作。

第一批创建的 5 个航空修理厂，即沈阳飞机修理厂、沈阳发动机修理厂、哈尔滨飞机发动机综合修理厂、南昌飞机修理厂、株洲发动机修理厂被称为"5 大厂"。从 1951 年初开始组建，6 月即开始试修生产。这些在废墟上建起来的航空工厂，设备简陋陈旧，人员技术水平不高，有的工人甚至从来没有见过飞机。但是，为了抗美援朝前线的需要，他们学习文化钻研技术劲头十足，经过几个月的训练，在苏联专家的指导帮助下，逐步掌握了修理技术，绝大多数能够独立操作。从修理雅克–18飞机开始，飞机和发动机修理产量逐月上升。到1953年底，共修理飞机829架、发动机4001台，有力地解决了抗美援朝前线作战急需。（图8.2～图8.4，中国，雅克–18教练机、图–2轰炸机、伊尔–10强击机）

图8.2

图8.3

图8.4

2．从航空修理走向航空制造

1954年10月，中苏两国政府签署协定，由苏联援建中国156个重点项目。其中航空工业11个，包括6个航空工厂，即沈阳飞机制造厂、沈阳航空发动机厂、哈尔滨飞机制造厂、哈尔滨航空发动机厂、南昌飞机制造厂等主机厂，之后又增加了飞机附件厂、轮毂厂、仪表厂和电器厂等。到1957年末，各厂共修理各种飞机3291架、发动机14248台以及大量的部附件和机载设备，不仅有力地保障了抗美援朝战场急需，也为航空工业从修理走向制造打下了坚实基础。

从航空工业长远建设出发，国家十分重视人才的培养和使用。一大批学成归国的航空技术人才被安排在重要岗位委以重任。曾留学英美的徐舜寿、黄志千、吴大观、虞光裕分别受命组建我国的第一个飞机设计室和发动机设计室；曾留学英国的陆孝彭，被任命为飞机设计师，后来主持设计了中国的第一代强击机；从美国回来的昝凌被委任建立中国的第一个航空仪表设计室。从1952年起，我国创办了3所高等航空院校：由清华大学航空学院和四川大学、北京

工业大学的航空系合并而成北京航空学院,后改为北京航空航天大学;由原中央大学、交通大学、浙江大学的航空系合并而成华东航空学院,1956年迁往西安并与西北工学院合并成为西北工业大学;组建南京航空工业专科学校,1956年升为南京航空学院,后改为南京航空航天大学。这3所高校为我国的航空工业输送了大量的科技人才,为新中国航空工业的发展建设做出了不可磨灭的贡献。

在有了一定航空工业基础和科技能力的前提下,迅速从飞机修理转向飞机制造,共和国航空工业迈出了坚实而关键的一步,新中国自己制造的飞机一架一架飞上蓝天。

试制成功新中国第一架飞机—初教–5 苏联雅克夫列夫设计局研制的雅克–18型活塞式螺旋桨飞机,是串列式双座教练机,性能稳定,操纵性好,经济适用,已经作为初级教练机在中国空军部队广泛使用并深受欢迎。为了解决部队需要,逐步减少进口依赖,雅克–18的制造任务交给南昌飞机制造厂。

南昌飞机厂前身是新中国成立前的第2飞机厂,职工500人左右。国民党撤退时对这个厂进行了疯狂破坏,设备损毁,厂房一空,大批人员离散,到1951年初国家决定重建时厂里只有几十个人。按照航空工业发展方针和计划,这个厂由修理飞机开始,边建设、边生产,锻炼技术,创造条件后再转入飞机制造。从1951年冬开始修理雅克–18型飞机,到1953年底已经修理出厂235架飞机。1954年2月,工厂接到苏联雅克–18飞机全套图纸资料,开始制造飞机。广大职工满怀雄心壮志,夜以继日投入紧张的飞机试制之中。1954年7月11日,新中国制造的第一架飞机 — 雅克–18型飞机首次试飞成功。7月21日,通过国家试飞委员会鉴定并同意批生产。后来定名为初教–5型飞机。1954年8月,与飞机配套的M-11FP5发动机由湖南株洲发动机厂试制成功(图8.5,密克罗尼西亚,中国飞机、初教–5教练机;图8.6,中国,初教–5飞机、陈应明绘)。至1958年底,已生产初教–5型教练机379架,满足了空军

图 8.5

122

部队训练新飞行员的需要。初教 –5 型教练机制造成功，标志着我国航空工业开始由修理转向制造，是新中国航空工业建设的里程碑。

图 8.6

试制成功我国第一架喷气式飞机 —

歼 –5 第二次世界大战末期，德国的第一架喷气式战斗机梅塞施密特 Me–262 投入战场，靠其速度优势击落盟军 600 多架飞机。盟军唯一参战的喷气式战机是英国的"流星"式战斗机，曾经在英吉利海峡上空成功截击 2 枚德国 V–1 导弹，直到摧毁 V–1 发射场。但是在战场上德国和英国的喷气式飞机并没有遭遇。从朝鲜战争开始，世界空战全面进入喷气时代。（图 8.7、图 8.8，马绍尔群岛，德国 Me–262、英国"流星"式喷气式战斗机；图 8.9，德国 V–1 导弹）

图 8.7

图 8.8

图 8.9

受朝鲜战争形势所迫，中国必需建设强大的人民空军，必须拥有自己的喷气式战机，以抗击入侵，保家卫国。

苏联米高扬飞机设计局是世界著名飞机设计局之一。1947 年 2 月该局设计的米格 –15 型战斗机试飞成功，第 2 年开始装备部队。各种型号共生产 1.8 万架，是当时较为先进的高亚音速喷气式歼击机。米格 –17 型战斗机是在米格 –15 基础上的改进型，最大平飞速度 1145 千米／小时，接近音速。实用升限达到 16.60 千米，带副油箱航程 1560 千米。1954 年 10 月，中国决定

图 8.10

制造米格－17 型歼击机，后定名为歼－5 型歼击机。（图 8.10，马绍尔群岛，米格－15 战斗机；图 8.11，莫桑比克，左下为苏联米格－17F 飞机）

歼－5 型歼击机由沈阳飞机制造厂试制，配套的涡喷－5 型发动机由沈阳发动机厂试制。沈阳飞机制造厂从 1951 年成立到 1954 年已经修理 9 个型号飞机 664 架，其中米格－15 型喷气式飞机 202 架，为试制歼－5 型歼击机打下了基础。

沈阳飞机制造厂是苏联援建的重点企业之一，基本建设已初具规模。1955 年 3 月，苏联成套技术资料和一批工艺装备、原材料、外购件和飞机散装件陆续到厂。按照苏联专家的建议，飞机试制分 4 个阶段，由简到难，循

图 8.11

序渐进，梯次展开。为加强领导，上级把办厂经验丰富的株洲航空发动机厂厂长牛荫冠调到沈阳飞机厂，第一副厂长兼总工程师高万启是著名的劳动模范。在他们带领下，在苏联专家指导帮助下，全厂职工夜以继日，连续奋战。协作单位积极支持，配套的涡喷－5 型涡轮喷气发动机，于 1955 年 6 月 2 日由沈阳航空发动机厂试制成功。1956 年 7 月 13 日，第一架全部采用自制零部件的歼－5 型 0101 号飞机从总装车间下线。7 月 19 日，曾经在朝鲜战场上击落 2 架敌机的主任试飞员吴克明，驾驶首架歼－5 型国产歼击机试飞成功。通过随后的全机静力试验、综合性能测试试飞，证明各项参数达到试飞大纲要求。9 月 8 日通过了国家鉴定委员会验收，开始批量生产。（图 8.12，格林纳达，中国第一

架歼 –5 战斗机，图 8.13，中国，中国产歼 –5 飞机）

当年首都国庆阅兵典礼上，4 架国产歼 –5 型歼击机出现在天安门广场上空。毛主席在天安门上高兴地对外国来宾说："我们自己的飞机飞过去了"。

图 8.12

歼 –5 型歼击机制造成功，证明我国开始掌握了喷气式飞机的制造技术，标志我国航空工业实现了由航空修理到航空制造的过渡。从 1956 年至 1959 年，歼 –5 型飞机共生产了 767 架。从此，人民解放军空、海军部队飞行员开始驾驶国产的喷气式飞机保卫中国领空。

图 8.13

1957 年 12 月 10 日，南昌飞机制造厂试制的运 –5 型飞机，由试飞员陈达礼试飞成功。运 –5 的原型机是苏联 40 年代安东诺夫设计局设计制造的安 –2 型多用途飞机。1957 年 12 月 23 日，通过鉴定获准批生产。运 –5 飞机虽然最大飞行速度仅有 256 千米 / 小时，但起飞距离仅 180 米，对机场条件要求低，飞机性能良好稳定，耗油率低，经济性好。在工农业生产、交通运输、航空体育、飞行跳伞训练等方面广泛应用。（图 8.14，马尔代夫，中国运 –5 飞机；图 8.15，中国，运 –5 飞机）

图 8.14

图 8.15

中国航空工业从修理到制造，成为当时世界上少数能够成批生产喷气飞机的国家之一。航空工业在 1953—1957 年间新建、改建和扩建了 20 个企业，制造初教 –5、歼 –5 和运 –5 型 3 种飞机、4 种发动机和 146 项辅机产品，生产飞机 438 架，发动机 954 台，

修理飞机 2476 架，发动机 9665 台。工业总产值平均每年递增 43%。1957 年，航空工业全面超额完成第一个五年计划，呈现一派蓬勃发展的喜人景象。

3. 从"大跃进"到稳步发展

1955 年，中央及时提出建设航空工业第二批项目，包括建设轰炸机、喷气式歼击机制造厂及其发动机厂，机载设备工厂以及航空科学研究机构。11 月，中国政府与苏联达成协议，援助中国 19 个航空工业项目和 3 个航空科学研究机构。1957 年 9 月，中苏两国达成协议，苏联向中国转让图 -16 型轰炸机和米格 -19P 型、米格 -19PM 型歼击机的制造专利权。

20 世纪 50 年代末，由于中苏两国关系破裂，苏联断绝了对中国的援助。1960 年 6 月 20 日，苏联单方面决定召回在华工作的全部专家，废除两国经济技术合作的各项协议。对中国刚刚起步的航空工业无疑是沉重打击，受到严重影响的涉及 22 个工厂和科研院所，正在仿制的 3 种机型及其发动机、2 种导弹也就此搁浅。

1961 年 2 月，出于内政外交的需要赫鲁晓夫又写信给毛泽东主席，表示愿意向中国转让米格 -21 型飞机及其发动机的制造权，中方表示可以谈判，但不得附加任何条件。随后双方达成购买米格 -21 歼击机制造权的协议。（图 8.16，俄罗斯，米格 -21 歼击机）

图 8.16

从航空工业创建的 1951 年起至 1961 年，中国从苏联先后引进了 7 型飞机、9 种发动机、5 种战术导弹和数百项机载设备的制造技术及配套所需的成套设备和器材，先后聘请苏联顾问、专家共 856 人。应聘来华的苏联顾问、专家，尤其是早期来华的专家技术水平高，经验丰富，工作勤奋，为中国新兴的航空工业雪中送炭。苏联及其援华专家们为新中国的航空工业建设所做出的贡献，中国人民永远不会忘记。

1958 年全国范围内掀起了"大跃进"，以高指标、瞎指挥、浮夸风、"共产风"为主要标志的"左"的错误严重泛滥。"大跃进"运动及其后期的"反右倾"运动，使得起步不久正处蓬勃发展的航空工业遭受到严重挫折。

新中国的航空工业从修理开始起步，当时已经呈现突飞猛进的形势。但是，这是在十分薄弱的基础上，没有经过先期基础科研、技术积累以及教育消化过程。依靠苏联专家的帮助，通过引进技术设备直接开展航空制造业，在短时间内取得的突破性的成功。这使得部分领导和科技人员思想上产生错觉，这就为后来在"大跃进"中的盲目冒进埋下了隐患。在全国范围内"大跃进"浪潮冲击下，实事求是的思想受到严重干扰，重新修订的"二五"计划脱离实际。在"左"的错误指导下，高指标、瞎指挥、浮夸风也吹到了航空企业单位，纷纷"大干快上"你追我赶，一时间竟有"东风"–103 等 17 个型号飞机争相上马，后来不得不压缩，只保留米格 –19 型歼击机、米 –4 型直升机、安 –2 型运输机和图 –4 型轰炸机 4 个项目。由于指标过高不切实际，要求过急，搞快速试制、快速施工，导致航空产品质量严重下降，大批飞机不能出厂交付部队，基本建设也存在严重问题。（图 8.17，古巴，米格 –19 歼击机 ）

图 8.17

米格 –19 型歼击机　为了完成上级下达的不切实际的高指标，为了实现"快速试制"，工艺纪律放松了，检验制度废弛了，产品质量问题也越来越严重了。从 1958 年到 1960 年试制的米格 –19 型歼击机和米 –4 型直升机全部不合格。不仅影响部队使用，还丧失了高速发展的大好时机。

1961 年 1 月，党的 8 届 9 中全会通过对国民经济实行"调整、巩固、充实、提高"的八字方针。三机部在沈阳、国防工委在北戴河先后召开工作会议。周总理都亲自参加并作了重要指示。会后，航空工业系统开展了大规模的企业整风运动和质量整顿工作，较快地纠正了偏差，较好地完成了航空产品优质过关任务，开始为部队提供合格优质的新装备；同时生产了大量的零备件，满足了部队急需，并解决了大批飞机的停飞问题。特别是理顺了科研与生产、尖端与常规、主机与辅机、生产与基建等关系，使航空工业在调整的基础上走上稳步发展的正确轨道。

图 8.18

图 8.19

图 8.20

图 8.21

米格 –19 型飞机需要按苏联图纸重新试制。沈阳飞机制造厂和沈阳发动机制造厂集中全厂之力，组织突破了设计和工艺上的数十个难关，反复试验研究，力争质量优良。1963 年 9 月，优质的歼 –6 型飞机和优质的涡喷 –6 型发动机同时通过试飞验证，12 月批准批生产，从而结束了连续几年造不出优质歼击机的被动局面。（图 8.18，巴基斯坦，巴空军装备的歼 –6 战斗机；图 8.19，中国，歼 –6 飞机）

直 –5 型直升机是仿制苏联米 –4 型直升机生产的第一种国产直升机。1956 年中苏达成协议，1958 年 12 月 14 日完成首飞，1959 年 12 月定型投产。直 –5 飞机是"大跃进"年代的产物，片面追求速度，严重忽视质量，带来大量隐患。1960 年国防工业会议决定重新试制，1963 年 7 月，第一架优质直 –5 型直升机通过 16 个起落考核试飞。哈尔滨发动机厂试制的活塞 –7 型发动机也经历了同样的波折。（图 8.20，坦桑尼亚，中国直 –5 型直升机；图 8.21，中国，直 –5 型直升机）

轰 –6 型中型轰炸机是根据 1957 年 9 月苏联转让的图 –16 型中型轰炸机制造特许权仿制的。1959 年 2 月，该机技术资料运抵中国时，工厂尚未建成。为争取时间，决定由哈尔滨飞机厂和西安飞机厂联合试制图 –16

轰炸机，并命名为轰 –6 型。其发动机由沈阳、哈尔滨、西安 3 个发动机厂联合仿制苏爱尔德 –3 埃姆型涡轮喷气发动机，命名为涡喷 –8 型。由于条件不具备，曾一度推迟试制。1963 年由西安飞机厂进行了改进改型，命名为轰 –6 甲型轰炸机。该机是高亚音速中型战略轰炸机，最大起飞重量 75.8 吨，最大时速 1014 千米 / 小时，最大航程 5760 千米，安装 2 台涡喷 –8 型发动机。载弹 3 ～ 9 吨，可以载鱼雷、导弹、原子弹、氢弹。1966 年 10 月，轰 –6 甲试制成功。涡喷 –8 型发动机于 1967 年 1 月通过国家鉴定开始批生产。1968 年 12 月 24 日，装配中国自己制造的大推力发动机的轰 –6 甲型轰炸机试飞成功，这是中国航空工业的又一项重要成果。（图 8.22，多米尼加，中国轰 –6 型轰炸机）

图 8.22

　　歼 –7 型歼击机由沈阳飞机厂和沈阳发动机厂，根据 1961 年中苏达成的购买制造特许权的协议进行试制。米格 –21 爱夫 –13 型飞机是 1958 年装备苏联部队的单座轻型超音速昼间前线歼击机。沈飞认真吸取了"大跃进"急躁冒进的教训，从立项直到试制成功的全过程密切注重质量管理，技术人员认真进行技术摸底，力求吃透。在翻译校核技术图纸资料中发现了不少问题，并且及时进行了补充计算和技术文件修改。从 1964 年开始，用 2 年 4 个月时间试制出了质量合格的国产超音速歼击机。1966 年 1 月 17 日，由技术精湛的试飞员葛文镛驾驶首飞，经过 29 个起落证明飞机操作性、稳定性良好，最大平飞马赫数达到 2.02，各项战术技术性能符合指标。1967 年 6 月投入批生产。与歼 –7 型歼击机配套的涡喷 –7 型发动机由沈阳航空发动机厂依据苏联爱尔 –11 爱夫 –300 型发动机试制。从 1963 年开始，到 1965 年 10 月总装下线，通过 3 次工艺性长期试车。于 1966 年 12 月通过国家鉴定并批生产。该发动机全部采用国产材料，标志着中国航空发动机制造技术和材料工业基础达到了新的水平。（图 8.23，格林纳达，中国歼 –7 型歼击机）

图 8.23

4．从仿制到自行研制

积极争取外援引进国外先进技术，但不依赖外援，在消化吸收的基础上创新发展，建立独立自主、完整配套的国家航空工业体系，这是航空工业创建起就确立的奋斗目标。

自行设计歼教–1型喷气式教练机　航空工业创建的第5年就开始自行设计喷气式飞机和发动机的艰难历程。1956年8月，沈阳飞机设计室和沈阳发动机设计室组建。飞机设计室主任设计师徐舜寿提出自行设计的第一个机型是高亚音速喷气式歼击教练机。

徐舜寿于1937年毕业于清华大学机械系，1944年赴美国麦克唐纳飞机公司实习，1946年在华盛顿大学研究院进修后回国，曾在南昌第2飞机制造厂担任"中运"2号、"中运"3号运输机的总体设计工作。1949年春，该厂要迁往台湾，徐舜寿在中共地下党的帮助下辗转投奔到解放了的北平。新中国成立后，徐舜寿曾任航空工业局技术科长，飞机设计所所长兼总工程师。先后领导了教练机、轰炸机、运输机的设计，开展了飞机气动弹性研究工作，参与创建中国第一个跨音速、超音速风洞，为新中国航空事业做出了重要贡献。

1957年4月，徐舜寿设计的飞机被正式批准研制，命名为歼教–1型歼击教练机。这是新中国自行设计喷气式飞机的开端。（图8.24，中国，2006年4月17日在人民大会堂隆重表彰徐舜寿等飞机设计师）主任设计师徐舜寿和副

图 8.24

主任设计师黄志千、叶正大，率领平均年龄只有 22 岁的新中国第一代年轻设计师们开始了前所未有的创新工程。当时，沈阳飞机厂刚刚试制成功歼 -5 型歼击机，他们并没有沿袭苏联传统的机头进气方案，而是采取了两侧进气的气动布局。

那是一个"大跃进"的年代，1957 年底到 1958 年 3 月，完成了生产图纸的绘制和发图。从发图到第一架总装完毕还不到 100 天。同时，由吴大观、虞光裕领导研制的喷发 -1A 发动机也在紧锣密鼓地进行，7 月 1 日试车结果，发动机推力到达 1430 千克力。

1958 年 7 月 26 日，空军技术精湛的试飞员于振武驾驶歼教 -1 型飞机首飞成功。平飞速度达到 715 千米 / 小时，高度 3799 米，爬升率 15 米 / 秒。8 月 4 日，沈飞进行 8 万人参加的盛大的祝捷庆功大会。

后来，由于空军训练体制变化，取消了歼教 -1 型飞机所担负的训练环节，加之沈阳飞机厂和沈阳发动机厂当时任务十分繁重，歼教 -1 型飞机没有定型和批生产。但是，歼教 -1 型飞机是新中国自行设计研制成功的第一架喷气式飞机，在新中国航空工业史上具有里程碑的意义。

自行设计制造初教 -6 型教练机 为便于与前三点式起落架布局的歼 -5 型飞机相衔接，航空兵部队急需前三点式起落架的初级教练机。航空工业局于 1957 年 8 月给沈阳飞机设计所下达任务，要求设计一种性能超过雅克 -18 的具有前三点式起落架的螺旋桨初级教练机，初称"初教 -1"，亦称"红专 502"，1964 年 8 月定型为初教 -6 型飞机。沈阳飞机设计所决定由林嘉騑、程不时等负责总体设计。（图 8.25，密克罗尼西亚，中国初教 -6 型初级教练机；图 8.26，中国，初教 -6 飞机）

图 8.25

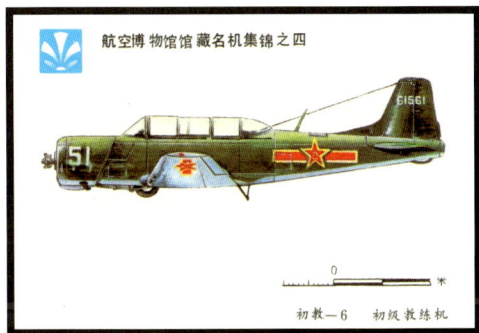

图 8.26

1957 年 12 月，航空工业局和空

131

军批准了设计任务书，并将设计研制任务交给南昌飞机厂。屠基达、林家骅率20余人转赴南昌飞机厂。由南昌飞机厂设计所主任高镇宁任主管设计师，在厂长冯安国、总工程师苏敏带领下全厂职工积极投入试制。第一架飞机机体铆接仅用了2个星期，总装大干了7个昼夜，全厂用了72天完成了试验批的4架飞机。1958年8月27日，由试飞员吕繁茂、何银喜驾机首飞。

1962年1月5日，批准定型并投入批生产。

1963年初教-6型教练机改装国产活塞-6型发动机，全机实现国产化，飞机性能进一步提高。1965年12月，又改装活塞-6甲型发动机，性能又有明显提高，飞机被命名为初教-6甲型教练机。

初教-6型飞机是我国第一个获得国家质量金奖的机种，到2004年已经生产了各型初教-6飞机2400多架，数以千计的空、海军飞行员经过初教-6型飞机的训练，从1963年起开始远销国外。

自行设计制造强-5型强击机 强击机又称攻击机，主要用于低空、超低空突防，对敌方地面、水面实施打击，通常用于支援陆军、海军作战。20世纪50年代，强击机成为世界主要空中强国的主要武器之一，新中国空军必须拥有自己的强击机。

1958年8月，沈阳飞机研究所开始了强击机的方案性草图设计。后来航空工业局决定任务交给南昌飞机厂设计室，为加强力量，把沈阳设计所的陆孝彭借调给南昌飞机厂主持设计工作。（图8.27，中国，强-5飞机总设计师陆孝彭）

陆孝彭，1944年赴美国圣路易麦克唐纳飞机公司工作，曾参与了FD-2舰载战斗机设计。1946年转入英国格拉斯特飞机公司参加飞机设计。1949年回国，后调到沈阳飞机设计室负责歼教-1型飞机总体结构和强度设计。

1958年下半年，南昌飞机厂设计所开始设计"雄鹰-302"型

图8.27

132

强击机，后定名为强 -5 型。陆孝彭独具创新思维，他认为必须要博采众长，既要吸收苏联米格 -19 型飞机的长处，还要借鉴西方飞机的优点，经过缜密思考，最后确定了适合强击机特点的新方案。开始试制之际，遇上 1960 年国民经济调整，强 -5 飞机陷于等待"下马"的困境。陆孝彭万分焦虑，一而再地上书要求强 -5 飞机上马。为了不违背上级"调整"方针，又能保住强 -5 飞机，厂长冯安国为陆孝彭保留了 14 个人的试制车间。原来 300 多人参与的研制项目，变成了"见缝插针"试制，伺机再起。陆孝彭身兼数职，既是设计室主任、总设计师，又当工人，凭着一股韧劲，带领车间十几个人奇迹般地造出了他们的"争气机"— 供静力试验的样机。正是这些努力才使得濒于"下马"的强 -5 飞机在 4 年后得以复活。

1965 年 6 月 4 日，试飞员拓凤鸣驾驶强 -5 飞机在江西樟树机场首飞成功。12 月，被批准初步设计定型。1966 年 3 月 10 日，强 -5 飞机在北京南苑机场为军委副主席叶剑英等领导进行了飞行表演汇报。领导当场决定先生产 10 架飞机交空军试用，尽快让强 -5 飞机装备空军。

历经 10 年磨难，1969 年 12 月 31 日，强 -5 型飞机终于被正式批准批生产。（图 8.28，乌干达，中国强 -5 飞机，图 8.29，中国，中国强 -5 型强击机、江西南昌飞机公司原地首日封；图 8.30，中国，强 -5 飞机）

强 -5 型飞机列为空军装备后，在历次重大演习中都扮演重要角色，还为我国核试验立下不朽功勋。为了我国氢弹作战实用化，被称为"彝族之鹰"的航空兵团长杨国祥提出用强 -5 型飞机取代轰炸机作为载机，采用临空甩投的方法以增强突防能力和返航安

图 8.28

图 8.29

图 8.30

全余度。1972年，杨国祥亲自驾机试验获得成功。首次试验中曾发生了投弹装置故障，氢弹投不下的危险情况。杨国祥临危不惧，凭着超人的胆略和熟练的驾驶技术成功地操纵带着氢弹的强–5飞机平稳安全着陆，化险为夷，创造了飞行史上的一个特殊纪录。周恩来总理高度赞扬："带着氢弹着陆，这是一大奇迹"。

硕果可喜可贺，教训也值得反思。强–5飞机研制初期受到"大跃进""左"的思潮冲击，加之客观条件的限制，未能严格按照科学程序办事，造成设计上的反复；初步定型前试飞不充分，隐患没有完全暴露，造成"夹生饭"，曾经有350架已经装备部队的飞机又不得不返回制造厂大修理。

强–5型强击机，是我国自行设计制造的第一架喷气式强击机，填补了中国强击机的空白，获得国家科技进步特等奖。

自行设计制造高空高速歼–8型歼击机　1964年10月25日，航空研究院在沈阳召开米格–21型改进改型论证会，确定要研制比米格–21飞机更好的歼击机。定名歼–8型歼击机。该机突出高空高速、提高爬升率、加大航程、加强攻击力，采用大后掠角、小展弦比、薄三角翼的空气动力布局。飞机最大马赫数2.2，最大航程2000千米，最大爬升率200米/秒，最大升限20000米。飞机安装2门航炮，可携带2枚空空导弹。

1965年5月批准研制，设计工作全面展开。在此关键时刻总设计师黄志千（图8.31，中国，歼–8总设计师黄志千）在国外因飞机失事不幸遇难，研制工作改由叶正大副所长领导，王南寿、顾诵芬等5人组成技术办公室具体组织设

计。他们带领设计人员与有经验的工艺人员、老工人实行"三结合"开展现场设计。顾诵芬与设计人员一起创造性地解决了飞机安定性、尾翼位置和飞机焦点位置等技术难题，加快了研制进度。

顾诵芬，1947年进入上海交通大学，学习航空工程系空气动力学专业。毕业后赴沈阳航空工

图8.31

业局，在生产处长徐昌裕、科长徐舜寿领导下工作。顾诵芬曾任新中国第一个飞机设计室气动组长。

双发动机方案的成败关键之一是涡喷 –7 甲型发动机，而发动机的空心涡轮叶片又是关键的关键。为了提高涡轮前燃气温度又能保证叶片安全，北京航空材料研究所副所长、铸造专家荣科提出了采用空心叶片的方案。

荣科，1945 年至 1948 年赴英国皇家科学院学习，并在罗尔斯 · 罗伊斯发动机公司实习。曾任北京航空材料研究所总工程师。经过荣科与沈阳有关单位协力攻关，突破了一个个技术难点，1966 年第一片铸造多孔气冷镍基高温合金叶片在发动机上试车成功。中国成为世界上第二个在航空发动机上采用空心叶片的国家。

1969 年 7 月 5 日，歼 –8 飞机由试飞员尹玉焕驾驶首次试飞成功（图 8.32，中国，歼 –8 飞机）。但是，一架新型飞机研制不可能一帆风顺。歼 –8 型飞机采用了 40 多种新材料、20 多种新工艺、200 项新产品，每一项指标、每一项改进都需要试飞来验证。以尹玉焕、鹿鸣东、王昂、滑俊等人组成的试飞团队将个人安危置之度外，在试飞中敏锐发现问题，与设计师一道协调解决问题。当多次试飞跨音速阶段出现振动时，有人提出歼 –8 只能改做亚音速教练机，顾诵芬心急如焚，不顾身体条件，瞒着家人 2 次乘超音速教练机升空，与鹿鸣东驾驶的歼 –8 飞机进行等距等速同步飞行，从不同高度与速度、不同方位观察拍摄歼 –8 飞机气流流场情况。虽然座舱里的顾诵芬头晕恶心，大汗淋漓，但是振源最

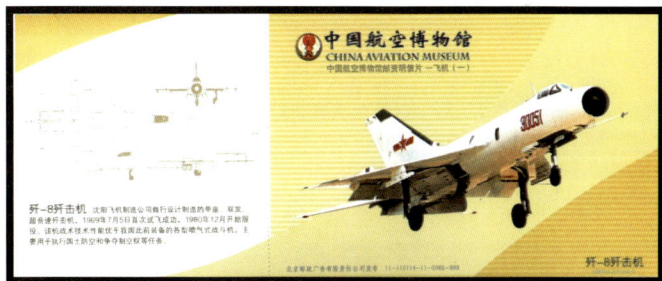

图 8.32

终被他找到了，飞机跨音速振动问题终于解决了。试飞员鹿鸣东刻苦钻研航空理论，飞行技术娴熟，试飞中曾经遇到空中单发停车、双发停车、起落架收不上等重大险情他都能够化险为夷，对于歼 –8 飞机定型功不可没。（图 8.33，中国，歼 –8II 型歼击机）

图 8.33

5. 经受"文化大革命"冲击 "三线"建设坎坷发展

  1966 年，航空工业经过调整、整顿得到全面恢复和发展，呈现出一派欣欣向荣的景象。但是，"文化大革命"开始了，刚刚走上正轨的航空工业受到严重干扰破坏。先是院校停课，各单位批判"反动路线"，三机部和各级领导班子被"夺权"、"砸烂"。领导人被加以"走资派"等罪名"靠边站"，机关干部大多受审查、进"牛棚"，著名飞机设计师徐舜寿被迫害致死。工厂闹派性，搞无政府主义。在江青"文攻武卫"的口号煽动下，全国武斗升级，不少航空企业成了当地武斗的主力。中央军委决定对三机部系统实行军管，但是局势并没有根本好转。"文化大革命"中，质量检验制度受到严重冲击。正常的质量检验被说成是修正主义"管、卡、压"，检验人员被下放劳动，质量管理制度形同虚设。"生产无计划，质量无检验，成本无核算"，"废品损失多，援外问题多，外场事故多"是当时状况的真实写照。这种局面持续多年造成了严重恶果。

  "文化大革命"的漫漫十年，航空工业历经磨难，浪费了国家大量物力和人力资源，丧失了宝贵的发展机遇，拉大了与发达国家的差距。尽管如此，在某些机型、发动机及机载设备的开发、设计、定型及批生产等方面，经过广大航空企业干部职工的艰苦努力仍取得了一些进展。哈尔滨飞机厂参照苏联伊尔 –28 型飞机，自行设计了轰 –5 型轻型轰炸机。西安飞机厂根据苏联转让的图 –16 型飞机图纸资料试制成功轰 –6 型中型战略轰炸机。水上飞机研究所和哈尔滨飞机厂共同设计制造了水轰 –5 型水上反潜机。（图 8.34，多米尼加，中国轰 –5 轻型轰炸机；图 8.35，中国，轰 –5 轰炸机）

图 8.34

  西安飞机设计所和西安飞机厂参照苏制安 –24 型飞机研制了运 –7 型运输机，但是没有通过设计定型。

图 8.35

西安飞机厂和西安设计所等单位参照苏制安 –12 型
飞机设计试制了运 –8 型大型运输机。（图 8.36，马
尔代夫，中国运 –7 型运输机）

图 8.36

　　上海飞机修理厂等单位以波音 707 飞机为原准
机，并参照"三叉戟"自行设计制造了运 –10 型飞
机于 1980 年 9 月首飞。而后试航性试飞经受了西藏
高原等严峻条件的考验，基本达到了设计要求。后
来由于技术、市场、经费等多方面原因而停产，但
是为日后的大飞机研制打下了基础。

图 8.37

　　哈尔滨飞机厂自行设计成功了运 –11 型轻型运
输机。1975 年哈尔滨飞机厂开始设计试制，当年完成首飞，1977 年设计定型。
哈尔滨飞机厂和哈尔滨发动机厂研制成功直 –6 型直升机，由于起步技术落后，
军队未列入装备而停产。（图 8.37，坦桑尼亚，中国直 –5 型直升机）

　　直 –7 型重型直升机由直升机研究所等 5 所 2 厂研制，因为给后续机种让
路而下马。

　　南昌飞机厂的歼 –12 轻型歼击机 1970 年 2 月试飞成功，经过改进达到了
原设计要求，后因装备系列调整而停止研制。"文化大革命"期间，西安发动
机厂还从英国成功引进了斯贝发动机技术。

　　"文化大革命" 10 年，也是航空工业"三线"建设的 10 年。

　　1965 年 1 月，根据中央批准的国防工业要点，航空工业作出坚决停缓一
线、二线项目，有计划、有步骤地把地处一二线大城市的企业向"三线"搬迁
的决定。随后，地处沿海地区的航空电器等 6 个机载设备厂完成建厂和搬迁。
大规模的"三线"建设在贵州展开，千军万马经过 10 余年的日夜奋战，1976
年基本建成歼击机研制生产基地，制造修理歼 –6 各型飞机。1978 年转入歼 –7
改型飞机的试制和生产。陕西大型运输机生产基地从 1964 年筹建，1970 年开
始边建设边生产。在西安飞机厂的支援下，1975 年底基地生产的运 –8 型运输
机首飞上天。1969 年 10 月开始在江西建设直升机及发动机厂，经过突击施工
一年后开始了直 –6 型直升机的试制，不久撤销任务，转入直 –8 型直升机的研

制工作。航空工业还在陕西、四川、湖北等地建设了一批工厂、研究所。

"三线"建设，从国家战略长远发展上考虑，调整航空工业布局形成新的研发生产能力具有积极意义，并且有利于西部开发。但是，由于当时历史条件下对战争形势的判断，在"准备打仗"、立足"早打、大打、打核战争"的思想指导下，确定"靠山、分散、隐蔽"建设方针。以致在实际工作步骤上，方案论证不充分、不合理，急躁冒进，盲目蛮干；在布局选址上，过分强调隐蔽分散，"把过去一个综合性的大厂，分成二三十个中小工厂"，甚至不顾航空工业自身特点，不顾客观实际，推行"村落化"、"瓜蔓式"的工厂布局，把航空工厂化整为零分散在崇山峻岭之中，留下无尽后患。最后，国家不得不再投巨资将数十个单位搬出深山。

6. 改革开放航空工业跨越发展

1976年10月，"四人帮"反革命集团被粉碎，结束了长达10年之久的动乱。党的十一届三中全会决定把全党工作重点转移到社会主义现代化建设上来，航空工业进入新的发展时期。改革开放的总设计师邓小平，根据对国际形势的科学判断，提出了在今后一个较长时期内大仗可能打不起来的精辟论断（图8.38、图8.39，中国，改革开放的总设计师邓小平、十一届三中全会公报）。据此，中央重新确定了国防建设方针，航空工业进入改革开放、保军转民、实行战略转移的新时期。

航空工业首先在全系统开展了思想上拨乱反正，开展以质量为中心的全面整顿。20世纪80年代初，航空工业确立了以经济建设为中心和量力而行、有所作为的指导思想；从实际出发，实行科研先行、质量第一、按经济规律办事的方针；提出飞机"更新一代、研制一代、预研一代"的目标；明确通过"四个转变"实现科研、民品、出口"三个突破"。20世纪80年代中期开始，航空工业将企业整顿与经济体制改革结合，扩大企业自主权，各企业步入市场体制，转变经营机制。企业对内建立经济责任制，对外加强国内、国外营销。

图8.38

图8.39

航空工业领导机关管理体制也几经改革。1988 年 4 月，成立航空航天工业部，任命林宗棠为部长。1993 年 4 月，撤销航空航天工业部，成立中国航空工业总公司，由朱育理任总经理。总公司成为拥有 56 万员工、按企业集团模式经营与管理的特大国有公司，是技术、工业、贸易、金融相结合，自主经营、自负盈亏、自我发展、自我约束的经济实体。1998 年 3 月，国务院作出了"逐步将各军工总公司改组为若干企业集团公司"的决定。1999 年 7 月 1 日，中国航空第一集团、第二集团成立。

为适应世界航空工业发展的潮流，促进我国航空工业的体制机制创新，提高自主创新能力，优化资源配置，更好地参与国际竞争，2009 年 11 月，国家对航空工业体制再一次进行战略性整合和优化重组，由航空工业第一、第二集团公司重组整合，成立中国航空工业集团公司。这是国家出资设立的国有特大型企业，由中央管理。集团公司拥有员工 40 万人，企事业单位近 200 家，上市公司 21 家，实行母子公司管理体制。

改革开放以来，中国航空工业狠抓新机研制，加速产品更新换代。确定继续以歼击机为重点，相应发展其他机种的方针。20 世纪 80 年代中期以来，以第二代歼击机（歼 –7 型、歼 –8 型）代替第一代歼击机（歼 –6 型），并研制第三代、第四代歼击机，缩小主要作战机种性能差距。以 1985 年为时间节点，更新一代、研制一代、预研一代。

根据更新一代的要求，研制定型和批生产歼 –7 系列、歼 –8 系列、强 –5 系列、运 –7 型、运 –8 型飞机及发动机、机载设备和导弹等。

歼 –7II 型飞机　1978 年 12 月 30 日首飞成功。主要解决了米格 –21 型飞机弹射救生系统不可靠及飞机航程短的问题。同时换装了涡喷 –7 乙型发动机，提高了推力和发动机可靠性。零高度跳伞座椅获国家质量金奖。

歼 –7M 型飞机　1981 年开始研制，是歼 –7II 型飞机的改进型。由成都飞机工业公司负责研制，屠基达任型号总设计师。主要是装备具有零高度、大表速救生能力座椅，从国外引进 7 项电子火控设备，增加机翼外挂。该机具有平视显示、高精度快速射击和对地攻击能力，雷达测距距离远，抗多种干扰，通信设备先进。飞机、发动机和机载设备寿命可靠性提高，飞机整体性能

图 8.40

图 8.41

图 8.42

比歼 –7II 跨进一大步。1983 年 8 月，由试飞员余明文首飞成功。1984 年 11 月，通过技术鉴定。1985 年完成全部出口任务。该机获国家质量金奖。（图 8.40，格林纳达，中国歼 –7G 型歼击机；图 8.41，中国，中国歼 –7 歼击机）歼 –7M 改型成功表明，引进国外先进设备改进现有飞机，是提高飞机性能，增加出口竞争力的一条可行途径（图 8.42，中国，贴中国歼 –7M 飞机出口纳米比亚纪念封）。

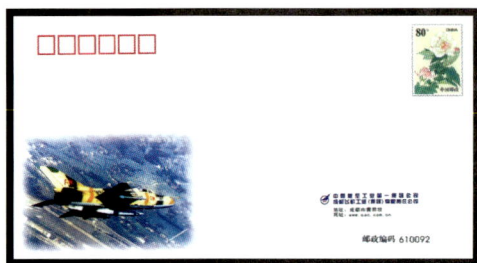

歼 –7III 型歼击机 该机由成都飞机设计研究所改型设计，成都飞机工业公司和贵州飞机工业公司联合制造。航空工业部高镇宁副部长分工领导该机研制工作，宋文骢为总设计师，谢明为现场总指挥。飞机研制采用系统工程管理，形成纵向指挥管理和横向协作相结合的矩阵管理体制。该机是中高空、高速、全天候歼击机，能在昼间、夜间和复杂气象条件下作战。与歼 –7II 型相比，更改量很大，零件变化率 40%，成品件变化率 43%，采用新材料 37 项，新成品 190 项。主要是采用吹气襟翼，加大了垂尾面积，改用涡喷 –13 型发动机，增加载油量，加装了自动驾驶仪，加装了全天候雷达，增加了外挂载弹能力。涡喷 –13 型发动机由贵州航空发动机公司和成都航空发动机公司联合研制，温俊峰任总设计师。该机与涡喷 –7 型相比，发动机的推力、防喘、稳定性、寿命及使用可靠性都有显著提高。1985 年通过国家试车鉴定。1984 年 4 月 26 日试飞员余明文驾驶歼 –7III 型飞机首飞成功，1987 年 12 月设计定型。歼 –7III 填补了歼 –7 系列全天候歼击机的空白。

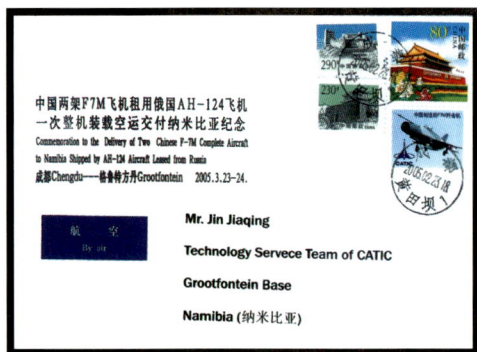

歼–7E 型飞机 该机是歼–7II 基础上的改进型，由成都飞机工业公司研制生产，陆英育为总设计师。歼–7E 型飞机投资少、周期短、见效快。1987 年 10 月

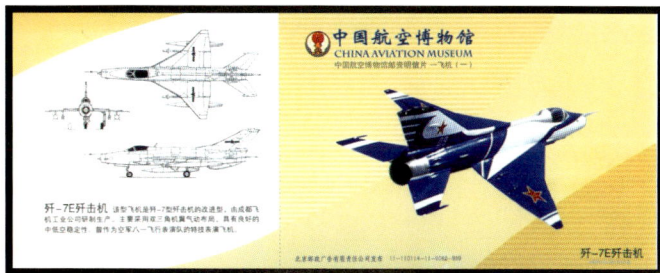

图 8.43

立项，1990 年 5 月首飞，1993 年设计定型。西北工业大学参与飞机吹风试验和优化设计，将原来的三角机翼改为双三角机翼设计独到，有效改善了中低空性能。（图 8.43，中国，歼–7E 及 3 面图）

该机具有良好的中、低空性能而被选为表演飞机。1995 年 7 月 7 日，八一飞行表演队丁安庆、副队长吴国辉等驾驶歼–7M 型表演机进行 4 机表演亮相，获得成功。（图 8.44，安提瓜与巴布达，中国歼–7 EB 表演机 6 机表演）

图 8.44

歼教–7 型教练机 为了满足部队训练需要，贵州飞机设计所和贵州飞机工业公司以歼–7II 型飞机为基础改型设计，于希明为总设计师，唐文斌为现场总指挥。1985 年 7 月 5 日严秀福驾机首飞，1988 年 2 月国家批准定型。在巴黎国防航展上开始接受国外订单。

"枭龙"/FC–17 型飞机 20 世纪 80 年代，巴基斯坦向成都飞机工业公司提出，共同在歼–7M 型基础上研制新型歼击机。双方达成协议，巴方定名 FC–17 型，中方定名歼–7CP，意为超过歼–7 型，又被称为"枭龙"。中方技术负责人是中国工程院院士屠基达，1994 年成都飞机设计研究所担任总设计，成都飞机工业公司承担部分设计任务。2003 年 8 月 25 日，"枭龙"在成都举行了首次试飞取得成功。2006 年 4 月 28 日，"枭龙"04 架飞上蓝天。"枭龙"/FC–1 型飞机达到了第三代作战飞机的综合作战效能，可以与先进战斗机抗衡。同时具有轻小型、低成本的特点，适应现代战争需要，具有国际军用飞机市场竞争力。（图 8.45，格林纳达，JC–17 型战斗机；图 8.46，巴

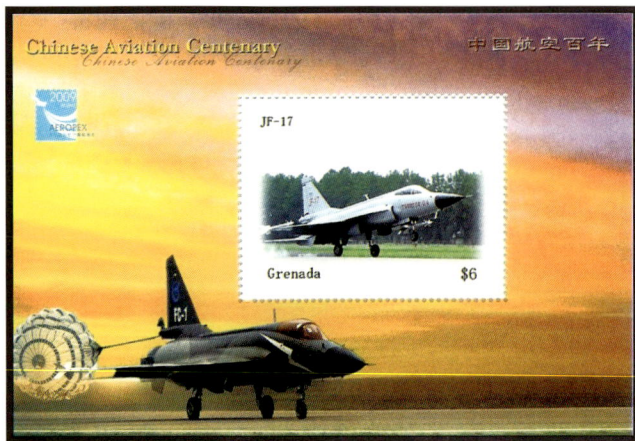

图 8.45

图 8.46

基斯坦，巴空军装备的 FC-17 型战斗机）

FBC-1 型"飞豹"飞机（歼轰-7） 该机是中国自行设计制造的双座、双发、多用途、全天候超音速歼击轰炸机。由西安飞机设计研究所设计，西安飞机工业公司生产，中国飞行试验研究院试飞鉴定。

20 世纪 70 年代末，西安飞机设计所开始承担"飞豹"的设计，陈一坚担任总设计师。为了满足未来战争需要，赶超先进水平，该机在研制过程中积极采用了新技术、新工艺和新的机载设备，采用系统工程的管理方法，推行全面质量管理，设计与工艺紧密结合，第一次采用计算机辅助设计管理型号研制全过程，以确保设计指标和研制质量。全机三维数字化设计技术使原本计划两年半的飞机设计周期缩短为一年。该机创造了多项国内第一。（图 8.47，中国，陈一坚；图 8.48，乌干达，中国"飞豹"飞机）"飞豹"飞机采用常规气动布局，中低空飞行性能好，机动性强。能全天候执行作战任务。作战半径可达 1650 千米，全机载重 5 吨，有较先进的火控武器系统，可以多种姿态发射空空导弹和空对舰导弹，不仅可以执行对地面海面攻击任务，而且具有一定的

图 8.47

图 8.48

歼击护航能力。"飞豹"已经成批装备空、海军部队，为歼轰-7型。（图8.49，中国，歼轰-7）

图8.49

歼-8II型歼击机

沈阳飞机设计所和沈阳飞机工业公司对歼-8型飞机进行系列化渐进改型，先后研制生产了歼-8白天型飞机和歼-8I型全天候歼击机，积累了经验，并进一步改进研制成功歼-8II型歼击机。航空工业部副部长何文治任型号总指挥，顾诵芬任总设计师，沈阳飞机工业公司总经理唐乾三、现场总指挥管德、总工程师顾元杰负责组织领导研制工作，实行"四级责任制"，全面质量管理贯穿研制全过程。涡喷-13型发动机由贵州发动机设计所和贵州航空发动机公司研制，温俊峰为总设计师。主要是采用空心气冷叶片的高温涡轮，使发动机推力显著提高。1984年6月12日，由曲学仁试飞成功，1988年10月设计定型。（图8.50，圭亚那，中国歼-8II型歼击机）

歼-8II型飞机仅用8年时间，以较少的经费研制成功性能优良、高空高速全天候多用途歼击机，是航空工业渐进性改型的成功范例。在第38届巴黎航展上，西方评论：歼-8II飞机诞生，标志中国歼击机的发展已经摆脱了苏联米格系列，进入了自我发展的新阶段。（图8.51，中国，歼-8II飞机）

图8.50

歼-10型歼击机

20世纪80年代，航空工业开始谋划研制歼-10飞机，经过2年多的论证、研究和评审，确定新式气动布局的总体方案。1986年，歼-10型飞机列为国家重大

图8.51

143

关键工程。宋文骢为歼-10型飞机总设计师、薛炽寿为总工程师。

宋文骢先后参加过东风113、歼-7、歼-8、歼-9等多个型号飞机的研制，曾担任过歼-7III型飞机的总设计师。是我国歼击机战术技术论证和气动布局专业的创始人。20世纪60年代宋文骢曾担任我国第一个气动布局专业组组长，对飞机气动布局有长期深入的研究，对先进气动布局有创建性见解。宋文骢提出的带鸭式前翼的新式气动布局总体设计方案在歼-10飞机上获得成功。（图8.52，圭亚那，歼-10型歼击机；图8.53，中国，歼-10型歼击机）作为歼-10飞机总工程师，薛炽

图 8.52

图 8.53

寿率领试制人员"跟设"即让试制人员提前参与设计阶段工作，大大加快了研制进度。

歼-10型飞机战术技术指标先进，综合性能要求高，技术创新难度高、跨度大。该机的研制涉及20多个行业、上百个参研单位，新成品占全机配套成品的60%。为了科学管理，组织协调，制定了一系列跨行业、跨部门的设计师系统管理文件和程序；对飞机研制各阶段、各节点技术状态严格把关；首次将可靠性设计纳入飞机设计规范，自始至终将可靠性放在了突出重要的地位。歼-10型飞机的研制历尽艰辛，突破了一系列高难度关键航空技术，包括全新的先进气动布局、数字式电传飞控系统、高度综合化航空电子系统以及空中加油系统等。1998年3月23日，首席试飞员雷强驾驶歼-10型飞机首飞成功。（图8.54，中国，装备空军的歼-10飞机）

歼-10型歼击机性能先进，用途

图 8.54

广泛，是中国自主研制的具有完全自主知识产权的多用途歼击机，实现了中国军用飞机由第二代机向第三代机的历史性跨越，对于提高我军防卫作战能力、巩固国防具有重大意义。

2011 年、2012 年，第四代隐形战机先后在成都飞机公司和沈阳飞机公司研制并试飞，标志中航工业新型战机研制实现新的跨越。（图 8.55，中非，J20 隐形飞机极限片）

图 8.55

新型教练机

K-8 型教练机　1979 年成立的中国航空技术进出口总公司，以航空技术和产品进出口为核心业务。1983 年该公司与南昌飞机工业公司共同争取到巴基斯坦出资研制教练机的项目。中巴两国于 1986 年签署合作研制 K-8 型教练机的总协议。该机以基础教练机的功能为主，兼具高级教练机功能，总设计师石屏。为了打开国际市场，设计尽量与国际接轨，充分利用国外资源，选择先进的发动机、弹射救生座椅、电子飞行仪表和座舱环境控制系统，较好地保证了该机在国际上的竞争力。1990 年 10 月，K-8 型飞机成功实现首飞。1993 年向巴方交付 6 架飞机使用。至 2005 年已经出口 136 架，其中与埃及合作生产 80 架 K-8E 型教练机。（图 8.56，密克罗尼西亚，中国教 -8 型教练机；

图 8.56

图 8.57

图 8.57，埃及，教 -8 飞机首日封）K-8 型飞机研制成功，开创了一条不依靠国家计划和财政支持研制新机的有效途径。2000 年，K-8 型教练机获得国家科技进步一等奖。

"山鹰"高级教练机　贵州飞机设计所和贵州飞机工业公司研制的"山鹰"飞机，是通用型高级教练机，主要用于第三代歼击机飞行员高级阶段训练任务。该机采用高升阻比双三角翼气动布局，具有良好的起降性能和中低空亚、跨音速性能。采用成熟的先进机载设备，与三代机相近的座舱布局，实现了与三代机较好地衔接。2003 年 12 月 12 日，"山鹰"型高级教练机试飞成功。在后来的数百小时测试鉴定试飞中，综合性能良好，达到设计指标。

图 8.58

"猎鹰"高级教练机　由南昌飞机工业公司研制的"猎鹰"高级教练机于 2006 年 3 月 3 日试飞成功（图 8.58，圣多美普林西比，L-15）。该机可以装备空军部队进行基础训练和战术训练，衔接第三代歼击机的飞行训练，并兼顾第四代机训练需要。

该机技术性能先进，可靠性高、全寿命费用低，机体结构寿命达到 30 年、10000 飞行小时，平均故障间隔达到国内最高指标。

强 -5 系列飞机

强 -5 型飞机是一型经得起坎坷考验的好飞机。除基本型外，通过渐进改型研制出了一系列成功的新机型，不仅大量装备中国空、海军航空兵部队，并远销国外。其低空性能之好，在国际上获得良好声誉。1985 年，强 –5 型飞机获得国家科技进步特等奖。

强 –5I 型飞机 1974 年 4 月，为了增大航程进行了包括将炸弹舱改成油箱、装备涡喷 –6 甲 III 型发动机等 7 项大的改进。涡喷 –6 甲 III 型发动机应用高歌发明的沙丘驻涡稳定性理论和火焰稳定器设计原理，提高了加力接通后稳定燃烧范围，并提高发动机推力，降低耗油率。强 –5I 型飞机 1983 年 12 月通过设计定型。

强 –5IA 型飞机 在强 –5I 型基础上又增加压力加油、换装射击轰炸瞄准具等 4 项改装，1985 年通过设计定型。

强 –5III 型飞机 是强 –5 飞机的出口型。订货方提出加大航程、增加挂弹架、换装先进机载电子设备等。1983 年 3 月，强 –5III 型飞机的出口型号 Q–5C 型走出国门，跻身世界现代强击机行列。（图 8.59，乌干达，中国强 –5III 型强击机）

图 8.59

强 –5D 型飞机 1984 年开始南昌飞机工业公司与意大利飞机公司合作，重点改进强 –5 原型机的导航和攻击系统，雍正球为总设计师。引进移植了 AMX 攻击机导航系统等 17 项电子设备，有效提高了强 –5 飞机的导航精度和攻击能力。1985 年 8 月 30 日首次试飞成功。（图 8.60，中国，强 –5M 飞机）

图 8.60

轰 –6 系列飞机

20 世纪中国的轰炸机以改进改型为主，研制了一系列型号的轰炸机。

轰 – 6 型自卫干扰机 1975 年起，西安飞机工业公司在轰 –6 型飞机上加装自动干扰设备，1983 年 5 月完成试飞和性能测试。

轰 – 6 丁型轰炸机 是我国第一代携带空对舰导弹的飞机。该机在轰 –6 甲

型飞机机翼下增挂空对舰导弹，同时加装相应的导弹瞄准火控系统、自动导航系统和新式雷达。由西安飞机工业公司研制，张励行任总设计师。1981 年 8 月 29 日首飞成功。轰 –6 型飞机还先后改装过核武器运载机、航空发动机试验用空中试

图 8.61

车台、携带高空高速无人机靶机的运载母机、空中加油机。（图 8.61，多米尼加，中国轰 –6H 和 轰 –6U 空中加油机）

运输机

运 –7 型飞机　运 –7 飞机是西安飞机工业公司参照苏联安 –24 型飞机研制生产的双发涡轮螺旋桨中短程运输机。飞机投入航线以后，由于发动机功率不足等原因致使该机使用受到很大限制，同时噪音和舒适性已落后于国际水平。

运 –7–100 型飞机　为了满足国内支线客机需求，西安飞机工业公司引进国外先进设备提升运 –7 飞机性能，安装哈尔滨航空发动机厂生产的涡桨 –5 甲 –1 型发动机，研制成功运 –7–100 型飞机。于 1986 年取得适航证，从此结束了中国民航全部使用外国客

图 8.62

机的历史。1987 年运 –7–100 型飞机投入运营，曾一度形成过 50 余架的市场保有量。因故障率高、运营成本高，逐渐退出主流客运市场的竞争。（图 8.62，老挝，以中国运 –7–100 型飞机为邮资图的邮简）

运 –7–200 型飞机　为了适应市场竞争，西安飞机工业公司对运 –7 飞机结构布局、主要机载设备进行了全新设计，大量采用国外技术成熟的先进成品。在发动机、导航通讯设备及自动飞行控制系统、驾驶体制、座舱布局等方面都作了重大改进。1993 年首飞，1998 年 5 月取得型号合格证。这是国产民用客

机首次严格按照与国际标准接轨的中国民用航空规章 CCAR-25 的规定验证合格的飞机。运-7-200A 飞机载客量增加至 56～60 人,提高了飞机乘坐的舒适性。动力装置采用加拿大普惠公司 PW127C 三轴自由涡轮式发动机和美国汉密尔顿公司的 247F-3 四叶复合材料螺旋桨,比运-7-100 型飞机降低油耗百分之三十,噪音显著降低,大大地提高了飞机的经济性、舒适性和机场适应能力。(图 8.63,中国,运-7-200 型飞机)

图 8.63

"新舟"-60 型飞机(MA-60) 该机是在运-7-200A 型短/中程运输机的基础上研制生产的 52～60 座双涡轮螺旋桨发动机支线飞机,航程 2450 千米。西安飞机工业公司广泛吸收世界先进技术,采取多种国际合作方式,以现代成熟技术为基础,引进外国先进技术和经验研制的新一代支线客机。"新舟"-60 型飞机的安全性、经济性、操作性、舒适性和可维护性等方面都达到了当代国际先进支线客机水平。价格为国外同类飞机的 2/3,出口亚、非、南美洲及大洋洲 15 个国家,是中国民用飞机首次批量进入国际市场,在国外的运营取得良好效果,受到进口国的欢迎。(图 8.64,中国,新舟600 飞机)

图 8.64

运-8 型飞机 该机是一种军民两用中型中程运输机,装有 4 台涡桨-6 型发动机,最大起飞重量 61 吨。可装载货物 20 吨,或空运武装士兵 96 名,或一次空降伞兵 82 名。既可进行空运又可执行空投、空降任务。继西安飞机工业公司装配运-8 型飞机之后。1975 年陕西飞机工业公司制造的运-8 型飞机也飞上蓝天。1982 年 2 月设计定型开始批生产。运-8 型飞机有多种改型:运-8海上巡逻机、运-8A 型(直升机载机)、运-8C 型(气密型)、运-8D 型(民

图 8.65

图 8.66

图 8.67

图 8.68

用出口型）、运 -8E 型（无人机母机）、运 -8F 型（民用货机）等 30 多个型号。（图 8.65，马尔代夫，中国运 -8 型飞机；图 8.66，中国，运 -8 飞机）

其中运 -8F100 是中国邮政航空使用的第一种飞机，配备有专用的邮件装运集装板及系留索。1987 年 2 月 7 日，确立了天津—上海—厦门的邮政航空航线，并正式开始运营。（图 8.67，中国，中国邮政航空集团运 -8F100 邮政专业飞机首航封）

运 -12 型飞机 1980 年初，哈尔滨飞机厂在运 -11 基础上研制运 -12 运输机，经过 1100 多飞行小时试飞定型。1985 年运 -12 飞机取得了中国民航局颁发的第一个民用飞机型号合格证，翌年投入批生产。运 -12 型飞机属轻型多用途飞机，可用作客货运输、空投空降、农林作业、地质勘探，还可改装成电子情报、海洋监测、空中游览和行政专机等。有 100 余架运 -12 飞机外销 18 个国家和地区。（图 8.68，中国，中国运 -12 型多用途飞机）

2013 年 1 月 26 日，由西安飞机公司研制的运 20 大型运输机成功首飞，是中国航空工业的重大成果。（图 8.69，中国运 20 大型运输机邮资片）

无侦 -5 型侦察机 20 世纪 70 年代，由北京航空学院研制的无侦 -5 型高空无人驾驶照相侦察机（"长虹"一号），采用涡喷 -11 型轴流式喷气发动机，杨维民为总设计师。无人机的地面无线电遥控站可以跟踪、遥测、遥控无人机，还具有仪表指示、数字显示、纸带记录、自动地图标绘等功能。北京航空学院与兰州航空仪表厂联合研制了地面飞行模拟试车台，与计算机匹配进行了多次无人机飞行全程模拟实验。1976 年 12 月开始设计定型试飞，1980 年底批准定型。获得国家科技进步二等奖。（图 8.70，中国，无侦 –5 飞机）

图 8.69

靶 –5 型靶机系列　南京航空学院从 1968 年开始研制 CK–1 型靶机。CK–1A 型飞机曾参加核试验穿云取样飞行。CK–1C 型靶机是为了适应高性能导弹鉴定试验而研制的性能先进的中低空无人靶机。1984 年 9 月试飞成功，吕庆风为总设计师。

图 8.70

1985 年，西北工业大学无人机研究所研制的中国第一代舰载靶机，用于舰炮对空射击训练和雷达截获训练。1986 年，西北工业大学研制成功靶 –2B 型地空导弹试验鉴定用靶机。

直升机

直 –8 型直升机　1976 年以昌河飞机厂为主，与中国直升机设计研究所和哈尔滨飞机厂协助开展参照设计。1984 年成立总设计师系统，苏敏为现场总指挥，郭泽弘为总设计师。1985 年 12 月 11 日，在景德镇吕蒙机场由霍孝才等首次试飞成功。（图 8.71，坦桑尼亚，中国直 –8 型直升机；图 8.72，中国，直 –8 直升机海上执行任务）

该机是中型多用途直升机，动力装置为 3 台江西航空发动机厂研制的涡轴 –6 型发动机，装有水陆两用的带浮筒的起落架。巡航时速 260 千米，最大商载 3 吨，实用升限 3050 米，最大航程 800 千米。

图 8.71

图 8.72

直-8 型直升机可以军民两用，执行人员货物运输、救护伤员、地质勘探、森林灭火、边防巡逻、反潜反舰、扫雷布雷等任务。

直-9 型直升机　1980 年采取技贸结合的办法，引进法国"海豚"直升机及其发动机制造许可权，由哈尔滨飞机工业公司仿制。最大商载 2000 千克，最大平飞时速 306 千米，实用升限 6000 米，最大航程 1000 千米。直-9 型直升机装用的涡轴-8 型发动机由株洲航空发动机公司试制。1988 年除机载设备外全部自制的直-9 型直升机完成交付。1991 年全部实现国产化。（图 8.73，坦桑尼亚，中国直-9 型武装直升机）

图 8.73

直-9 型直升机有多种改进型：

直-9 型武装直升机　该机是中国直升机设计研究所和哈尔滨飞机工业公司在对直-9 型直升机进行反设计基础上进行研制。是以反坦克为主的多用途直升机。具有 8 种不同的武器配置方案。1988 年 1 月首飞成功，1996 年装备陆军航空兵部队，成为我军第一代武装直升机。

直-9 攻击型直升机　1988 年由哈尔滨飞机工业公司改型研制，同年 8 月 4 日试飞成功，10 月 14 日通过鉴定交付部队。改型直升机主要用于夜间在战场前沿实施反坦克作战，压制地面火力，突击地面目标，进行火力支援。可在超低空条件下实施隐蔽攻击。

直-9 型警用直升机　2000 年哈尔滨航空工业公司开始改型研制。2001 年

7月31日试飞成功，9月交付武警部队使用。该机主要用于武警部队执行警务任务。参加中外联合军事演习中，展示了良好的战技性能。

哈尔滨飞机工业公司在直-9型直升机基础上改型研制H410A型直升机，是以人员和货物运输为主的基本型直升机。该公司研制的H401型海监直升机于2004年10月随"海龙"号科考船赴南极执行科学考察任务。（图8.74，中国，出口型直-9A型直升机交付马里纪念封）

图 8.74

直-11型直升机　直-11型直升机是2吨级6座轻型多用途直升机。由昌河飞机工业公司和中国直升机设计研究所严格按照试航标准共同研制。该机采用主旋翼加尾桨布局，装有一台涡轴8-D发动机。机体为金属、复合材料结构，乘员6人，最大起飞重量2200千克，巡航时速240千米，最大航程580千米。直-11的仿制原型为法国宇航公司研制的AS350"松鼠"多用途轻型直升机。该机1991年进入全面研制，1994年12月实现首飞，至2000年10月6日由中国飞行试验研究院完成全部设计定型试飞科目，其中包括青藏高原高寒地区数项风险科目。该机可用于飞行教练、侦察、救护、缉私、消防、旅游等领域。（图8.75，坦桑尼亚，中国直-11型直升机）

图 8.75

直-11型直升机，是我国自行设计研制的第一个具有自主知识产权的直升机机种。其改进型有直-11高原直升机、直-11中继航拍型直升机、直-11警用直升机等。（图8.76，中国，直-11直升机）

2012年11月第九届中国（珠海）航空航天博览会上，由昌河飞机公司

图 8.76

生产的直 10 型武装直升机和由哈尔滨飞机公司生产的直 19 型武装直升机同时亮相表演。这 2 型武装直升机已经交付陆军航空兵部队，并且已经形成作战能力。

北京航空航天大学胡继忠带领研究室人员研制了 M16 型共轴式单座直升机，主要用于电力电信行业巡线、架线等任务。1997 年 8 月，首次飞行成功。

目前，中国航空工业集团公司不仅生产军用航空武器装备，而且大力发展军民用运输机产业，研制生产新舟系列涡桨支线飞机、运 8 飞机、运 12 飞机、直 9 直升机等多种机型，是 ARJ21 新支线客机的主要研制者和供应商，是大飞机重大专项的主力军。在世界航空工业领域，中国航空工业集团公司开展了枭龙飞机、K8 飞机、EC120 直升机、ERJ145 涡扇支线客机等国际合作项目。目前，中航工业集团公司在世界 500 强企业中排名 310 位。至 2011 年 6 月，中航工业资产规模为 5000 亿元。（图 8.77，中国，EC120 直升机）

中国航空技术进出口总公司是具有国家特别颁发的军品出口经营权的公司之一，航空产品及技术的进出口是中航技的最为核心的业务。从 1979 年 1 月 21 日成立以来，中航技将大量中国生产的军、民用飞机出口到世界几十个国家。（图 8.78，中国，中航技成立 25 周年纪念封）

中航工业正按照"两融、三新、五化、万亿"的发展战略阔步向前。即融入世界航空产业链，融入区域经济发展圈；向品牌价值塑造、商业模式创新、集成网络构建转型升级；大力推进"市场化改革、专业化整合、资本化运作、国际化开拓、产业化发展"，到 2020 年挑战销售收入一万亿元的奋斗目标。

图 8.77

图 8.78

九
民用航空　展翅飞翔

1949年新中国成立，翻开了中国历史的新篇章。随着国民经济的发展，新中国民用航空事业从艰难起步到展翅飞翔，开拓了一条有中国特色的腾飞之路。（图9.1，中国，航空邮票 第一组；图9.2，中国，航空运输）

图9.1

图9.2

1.组建民用航空机构

1949年10月1日中华人民共和国成立后，中共中央政治局于1949年11月2日做出决定，在人民革命军事委员会下设民用航空局，钟赤兵任局长。民航局属下的天津（华北）、上海（华东）、广州（华南）、汉口（华中）、重庆（西南）5个民航办事处相继成立。为充实民航机构力量，从各野战军、各大军区抽调一大批干部，从军政干部学校、华北人民革命大学调来百余名青年学生，从"两航"起义人员中安排一批航空业务人员到民航机构工作，从组织上保证了新中国民航事业的顺利起步。

从1950年9月起，重庆、天津、上海先后开办民用航空学校。在北京开办俄文专修班，后改为俄文专修学校。1951 年，在太原建立民航机械修理厂；在上海建立机身修理厂；在天津建立民航电讯厂。

军委民航局成立以后，积极组织各民航管理机构开办临时航空业务。至 1950 年上半年，天津、广州、重庆民航办事处和部分航站担负了北京、天津至重庆、昆明、兰州等地的专机、包机任务。

2. "两航"起义飞向光明

1949 年新中国成立以前，中国航空公司和中央航空公司经过 20 多年的经营已具有相当规模，其实力在远东居首。到 1948 年年末，中航拥有员工 4808 人，正副驾驶 134 人；国内外航线 27 条、总长 45868 千米。共有飞机 41 架，其中 DC-3 型、DC-4 型"空中霸王"5 架、C-46 型、C-47 型飞机（DC-3 的美国军方型号）35 架，PBY 型水陆两用客机 1 架。央航员工 2764 人，正副驾驶 72 人，国内外航线 18 条，总长 33550 千米，共有飞机 42 架，其中 CV-240 型"空中行宫"6 架、C-46 型、C-47 型、DC-3 型飞机 36 架。（图 9.3，萨摩亚，DC-3 飞机；图 9.4，萨摩亚，DC-4）

图 9.3

图 9.4

自 1948 年底开始，中航、央航从上海基地陆续迁到香港。两航运营航线急剧萎缩，同时在香港与英资航空企业间的矛盾日趋尖锐。两航处境艰难，前途暗淡。1949 年春天，国共双方的军事政治实力发生了实质性转变，人民解放军渡过长江，南京、上海解放。上海军管会空军部接管两航留守人员和机构时，发现刘敬宜、陈卓林总经理面对局势变化，对于两航何去何从的态度游移，举棋不定，便向中央军委提出策动两航起义的建议。1949 年 6 月，军委副主席周恩来做出策动两航起义的决策，并指定专人向两航刘、陈总经理传话。在港澳工委和香港地下党的领导下组成起义工作核心小组，并得到了港九民航工会的配合，起义按预期展开。

1949 年 11 月 9 日 6 时，中国航空公司、中央航空公司 12 架飞机从香港启德机场陆续起飞。刘敬宜、陈卓林等乘坐央航潘国定驾驶的康威尔 CV–240 型"空中行宫"XT–610 号飞机（图 9.5，中国，康威尔 –240 型民航机），于当日 12 时 15 分到

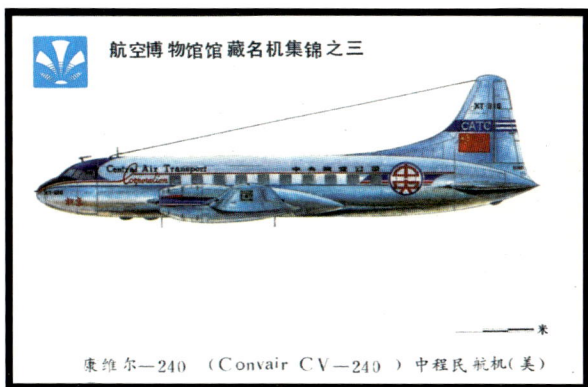

康维尔—240（Convair CV–240）中程民航机（美）

图 9.5

达北京西郊机场。周恩来总理委派空军司令员刘亚楼、外交部副部长李克农、总理办公室副主任罗青长等到机场热烈欢迎。其他 11 架飞机，由陈达礼领队，顺利飞抵天津机场。同日，香港中国航空公司、中央航空公司 2000 多名员工通电起义。两航起义北飞行动的成功极大地鼓舞了公司员工，两航在国内外各办事处和航站的员工，纷纷响应起义，相继策应归附祖国。

11 月 12 日，毛泽东主席电贺刘敬宜、陈卓林和两航员工，赞扬其"毅然脱离国民党反动残余，投入人民祖国怀抱，这是一个有重大意义的爱国举动"。同日，周总理宣布，两公司受中央人民政府管辖，任命刘敬宜、陈卓林分别任两公司总经理。

国民党政府和港英当局对两航起义疯狂阻挠，百般破坏。留在香港的员工在民航局、民航广州办事处的领导下，经过艰苦斗争，排除各种障碍，完成了护产抢运任务，至 1952 年底，共运回器材约 15000 箱（件）、汽油 3600 桶和其他物资设备等。

两航起义给了国民党残余势力政治上军事上沉重打击，切断了西南空中运输线，为人民解放军解放大西南创造了条件，加速了解放全国大陆的进程。同时，两航起义震动了港九，起义成功起到了示范带头作用，国民党在香港九龙的机构分崩离析，资源委员会、招商局和中国银行等 27 个单位相继起义，走向光明。

两航起义北飞的 12 架飞机和后来由两航机务人员修复的国民党遗留在大

157

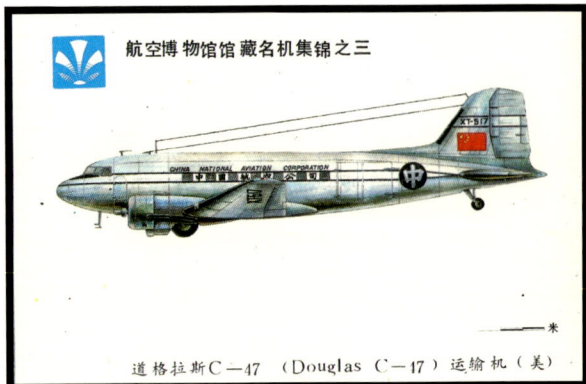

航空 物馆馆 藏名机集锦之三

道格拉斯C-47 (Douglas C-17) 运输机 (美)

图 9.6

陆的 16 架（C-46 型 14 架、C-47 型 2 架）飞机（图 9.6，中国，C-47 型民航机），构成了新中国民航初期的机群主体。内运的器材设备，成为新中国民航初期维修飞机所需的主要航空器材来源，并组建了太原飞机修理厂、天津电讯修理厂。

3.中苏民用航空公司

1950 年 3 月 27 日，中苏政府签订了《关于创办中苏民用航空股份公司的协定》，同年 7 月 1 日中苏民用航空股份公司正式成立，股本定额为 4200 万卢布，中苏双方各占 50%。有苏制里 –2 型飞机 14 架（图 9.7，苏联，中苏民航公司使用的里 –2 飞机），经营期限预计 10 年。公司管理机构由中苏双方派员出任领导，两年轮换。第一届管委会中方主任为钟赤兵，第二届中方总经理为沈图。

中苏民航公司在北京、沈阳和迪化（乌鲁木齐）设立 3 个航线管理处，组成了以北京为中心的航线网，实行分区管理。北京—张家口—库仑—伊尔库斯克航线，全长 1852 千米；北京—太原—西安—兰州航线，全长 1456 千米；兰州—酒泉—哈密—迪化航线，全长 1761 千米；迪化—伊犁—阿拉木图航线，全长 876 千米；北京—沈阳—哈尔滨—齐齐哈尔—赤塔航线，全长 2416 千米。

图 9.7

新中国首批民航国际航线北京—赤塔、北京—伊尔库斯克、北京—阿拉木图 3 条航线，自 1950 年 8 月 1 日起正式开航。（图 9.8，中国，中苏民航正式开航）

1953 年 3 月 19 日，公司决定在新疆开辟迪化—库车—阿克苏—喀什新航线，全长 1380 千米。至此，公司航线总长 9741 千米。（图 9.9，中国，首都机场上的苏制伊尔–14 飞机；图 9.10，苏联，苏制伊尔–14 飞机）

图 9.8

中苏航空公司重视并加强航空技术业务培训，中方员工比例逐年增大，技术水平逐步提高，为中方全面接管打下了基础。

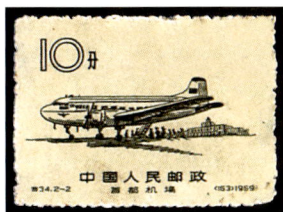

图 9.9   图 9.10

随着国民经济的恢复和发展，中苏航空公司客、货、邮业务发展迅速，到 1954 年底运输总周转量增长近一倍。1955 年 1 月 1 日起苏方股份全部移交给中国。

在新中国成立初期交通不便的情况下，中苏航空公司的营运对加强中央与地方的联系起到了重要作用。同时北京—伊尔库斯克国际航线，使中国首都与苏联及东欧联系畅通，并经过苏联民航联运通达欧洲和美洲各国。同时从经营管理制度、业务技术骨干、航空技术设施设备等方面为新中国民航事业打下了基础。

国内航线八一开航 新中国成立初期，民航局采取稳步发展的方针和"小飞"的原则，开展临时性专包机任务，并积极筹备国内定期航班开航。

1950 年 7 月 29 日，"两航"起义北飞的主机 CV–240 型 XT–610 号飞机被命名为"北京"号，在北京举行了命名仪式。1950 年 8 月 1 日，新中国民航首批开辟的天津—北京—汉口—广州和天津—北京—汉口—重庆国内 2 条航线正式开航，通称"八一"开航（图 9.11，中国，新中国民航国内航线

图 9.11

"八一"开航）。

当天首航航班飞到北京西郊机场时，民航局举行了开航仪式。局长钟赤兵致词祝贺，首航班机机长潘国定代表机组讲话。同一天，天津民航华北办事处驻地、武昌南湖机场、广州天河机场、重庆白市驿机场以及"两航"起义留港员工都分别举行了庆祝活动。

"八一"开航后，为了尽快改变西南交通闭塞的状况，民航开辟了重庆至成都、贵阳、昆明、汉口、西昌等航线。1951 年 8 月 15 日，开始执行为进军西藏的部队运输空投物资的飞行任务。11 个月出动飞机 50 架次，开通物资 12 万吨。同时开办了通用航空任务，开始少量的森林巡护、防治病虫、航空摄影的试验。

到 1951 年底，国内航线通航里程为 4365 千米。民航全年飞行 1.3 万小时，完成运输总周转量 349 万吨千米，运送旅客 2.39 万人，载运货物邮件 1670 吨。

1952 年 7 月 17 日，中国人民航空公司在天津正式成立，进行政企分开管理体制的尝试，具体经营航空运输和通用航空业务。至 1953 年一季度，拥有飞机 34 架，其中 C-47 型、DC-3 型 10 架，C-46 型 5 架，里 -2 型 4 架，埃罗 -45 型 10 架，波 -2 型 4 架（图 9.12，中国，波 -2 飞机），

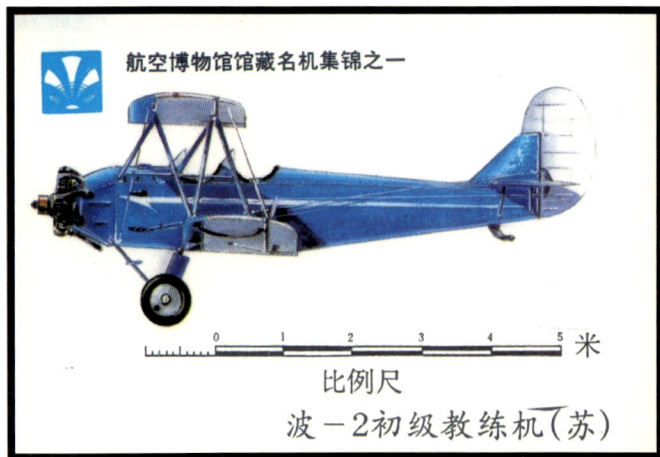

图 9.12

苏格尔型 1 架。

3 年国民经济恢复时期，国内航线开辟 9 条，通航里程达 8556 千米，新中国复航之快引起国内外瞩目。

4.打基础稳妥起步

从 1953 年至 1957 年的第一个五年计划期间，民航事业在摸索中前进，以迫切需要的基本建设为主，稳步发展民航飞行业务，为以后的发展奠定了基础。民航重点建设了北京首都机场（图 9.13，中国，首都机场）、天津张贵庄机场和改造武汉南湖机场。到 1957 年底，中国民航机队已有 1 个飞行大队、4 个飞行中队和 1 个专业航空队，各型飞机 118 架。拥有国内航线 23 条，通航城市 36 个，通航里程 22120 千米（图 9.14，中国，开辟北京—拉萨航线）。国际航线有北京—莫斯科、乌鲁木齐—阿拉木图、昆明—曼德勒—仰光、广州—南宁—河内共 4 条航线，但是，当时中国民航运力不足，北京—莫斯科的国际航线暂时只能使用里 –2 型飞机飞至伊尔库斯克。

图 9.13

图 9.14

5．"大跃进"畸形发展　干扰中曲折前进

从 1958 年开始的第二个五年计划，前 3 年受"大跃进"的影响，民航事业也出现"过热"，不顾客观实际，有过大起大落的畸形发展。经过 5 年调整，才使民航事业重新走上正常发展轨道。

在"全党全民办交通"的思想指导下，民航不适当地下放了管理体制，从而出现很多省、自治区自行投资兴建机场、购置飞机，大办地方航线。从 1958 年到 1960 年，地方航线竟出现 47 条之多，通航里程达到 1.6 万千米。

由于工业生产贯彻"以钢为纲"的方针，交通运输是大炼钢铁的"先行官"地面运力十分紧张，航空运输就成为"抢时间""夺高产"的应急运输方式。一时间空运量猛增，不讲经济效益，承运不应该交付空运的与钢铁生产有关的物资，浪费约 3 万余吨的航空运力，造成严重亏损。

1961 年开始，民航系统贯彻执行中央"调整、巩固、充实、提高"的方针，使民航事业重新走上正轨。到 1965 年，将原已开辟的 65 条地方航线缩减到 26 条。国内航线增加到 46 条，开辟了西南和西北的边远地区航线。

1965 年末，中国民航拥有各类飞机 355 架。1959 年，中国民航购买了伊尔 –18 型飞机，标志着从使用活塞式螺旋桨飞机，开始过渡到使用涡轮螺旋桨飞机。1963 年，中国民航又购买了英国的子爵号飞机，从而结束了长期以来只使用苏制飞机的状况。（图 9.15，苏联，伊尔 –18 客机；图 9.16、图 9.17，捷克斯洛伐克，苏联伊尔 –18 客机、英国"子爵"号客机）

为了适应机型更新和发展国际通航需要，在此期间，新建和改建了南宁、昆明、贵阳等机场，完成了上海虹桥机场和广州白云机场的扩建工程。

图 9.15　　　　　　　　　图 9.16　　　　　　　　　图 9.17

1969 年 11 月，国务院、中央军委批转民航总局报告，决定把民航划归人民解放军建制，成为空军的组成部分，实行军事化体制。从此，民航各级机构按部队组织形式，企业经济核算废止，"只算政治账不算经济账"，从根本上改变了民航的企业性质。

民航事业在"文化大革命"中饱受干扰破坏，这期间也遇到了难得机遇。1971 年 10 月 25 日，联合国第 26 届大会通过决议，恢复中华人民共和国的合法席位；1972 年 2 月，中美双方在上海签署《中美联合公报》；1973 年中日正式建交。1974 年 9 月，中国政府决定恢复在国际民航组织的活动，并当选为理事国（图 9.18，中国，邓小平在联合国大会）。1971

图 9.18

年以后，周恩来和邓小平先后主持党中央国务院的日常工作，十分重视民航工作。中国民航抓住国内外形势重大变化的机遇，及时调整工作方针，以开辟远程国际航线为重点，带动了各项工作发展。（图 9.19，中国，国际民航组织成立 40 周年）

1971 年 至 1973 年，中国民航从苏联购买了 5 架伊尔–62 型飞机、安–24 型飞机，从美国购买了 10 架波音–707 型飞机，还从英国购买了三叉戟型飞机（图 9.20，苏联，左下为安–24 飞机，图 9.21、图 9.22，捷克斯洛伐克、匈牙

图 9.19

163

图 9.20

图 9.21

图 9.22

利，苏联伊尔－62 型喷气式客机）。中国民航各型运输飞机总数达到 117 架，能够较好地实施"内外结合、远近兼顾"的经营方针。

1974 年 4 月，中国民航以邓小平副总理参加联合国大会为契机，分东西两线成功试航纽约。东线经卡拉奇、巴黎至纽约；西线经东京、安克雷奇至纽约。当年开辟了 4 条国际航线：1 月 30 日，中国民航使用伊尔－62 型飞机开辟了北京—莫斯科直达国际航线；9 月 29 日，使用波音 707 型飞机，开辟了从北京—大阪—东京国际航线，这是中日邦交正常化的成果（图 9.23、图 9.24，中国，中日和平友好条约签订）；10 月 29 日，中国民航使用波音 707 型飞机，取道西北航路开辟了北京—卡拉奇—巴黎的国际航线，这是中国民航通往西欧的第一条远程国际航线；11 月 27 日，中国民航使用波音 707 飞机开辟了北京—德黑兰—布加勒斯特—地拉那的国际航线。这 4 条航线的开航实现了"飞出去"的战略目标，标志中国民航业进入国际航空领域新阶段。

1975 年 3 月，中国民航机长刘崇福驾驶波音 707 型飞机，沿北京—东京—温哥华—蒙特利尔—巴黎—德黑兰—北京的航

图 9.23

图 9.24

线进行了环球飞行。(图 9.25、图 9.26，德国、马尔代夫波音 707 飞机)

图 9.25

到 1976 年底，中国民航的国际航线已发展到 8 条，通航里程达到 4.09 万千米，占国内外通航里程总数的 41%。国内航线增加到 123 条，通航里程达到 5.7 万千米。中国民航企业从 1975 年开始扭亏为盈，1975 年和 1976 年共获利近 3500 万元，从而扭转了长期亏损和依靠国家补贴的被动局面。

图 9.26

6. 改革开放　民航大发展

1978 年 12 月，中共十一届三中全会决定把全国工作重点转移到社会主义现代化建设的轨道上来。中国民航贯彻党的基本路线，执行改革开放的方针、政策，艰苦奋斗，努力拼搏，在航空运输、通用航空、航务管理、机群更新、机场建设、试航管理、人才培养等方面取得全面发展，开创了中国民航史上的崭新局面。(图 9.27，中国，首都机场)

1980 年，邓小平指出，民航一定要走企业化的道路。中国民航实行重大体制调整与改革，打破原来政企合一的体制。同年 3 月，民航局再次改为国务院的直属局，主要行使政府职能，不再直接经营航空业务。同时，进行了一系列改革，首先改变独家经营的局面，以原 6 个民航管理局为基础，分别组建了 6 家国家骨干航空集团公司；积极支持各地、各部门创办航空公司；将

图 9.27

图 9.28

图 9.29

图 9.30

机场和航务管理分开，机场成立独立的企业单位；航务管理归属政府部门，受地区管理局领导。这些举措为民航走企业化道路打下了基础。从 1980 年开始，中国民航加快了飞机机型更新速度。通过自筹资金与贷款、国际租赁相结合的方式，购买了包括波音 747SP 型、空客 320 型宽体客机在内的大型客机，以及图 –154 型、麦道型客机，同时淘汰了一批老型号的飞机，使中国民航使用的飞机达到了国际先进水平。（图 9.28，保加利亚，波音 747 宽体客机；图 9.29，欧罗巴，空客 320 宽体客机；图 9.30，捷克斯洛伐克，苏联图 –154 客机）

1981 年 1 月 7 日，10 时 30 分，中国民航一架波音 –747 型宽体客机由首都机场经停上海，飞越浩瀚的太平洋到达旧金山，再横跨美国大陆抵达纽约，全程飞行 16 小时，航程 1.58 万千米。这是中美之间中断 32 年后，首次恢复定期航班。（图 9.31，中国，中美通航）

中国民航持续快速发展，到 1995 年末，中国民用飞机总架数达到 852 架，运输飞机 416 架，通用航空和教学校验飞机 436 架，运输飞机商载总吨位 7900 吨，飞机座位数 6.05 万个。全行业完成运输总周转量 71.4 亿吨千米，旅客运输量 5117 万人，货邮运输量 101 万吨，国内外航线总数达到 797 条。有航班运营的机场 139 个，其中能起降波音 –737 飞机的 81 个，起降波音 –747 飞机的 14 个。（图 9.32，罗马尼亚，波音 737；图 9.33，柬埔寨，波音 747 宽体客机）

图 9.31

图 9.32

图 9.33

为增强发展实力，进一步深化改革。2002 年民航总局实行政企分开，对直属的 9 家航空公司进行联合重组，形成 3 个大型航空运输集团公司：中国航空运输集团公司，使用中国国际航空公司标识；中国东方航空集团公司；中国南方航空集团公司。同时，组建信息、油料和器材 3 大服务保障集团公司。与民航总局脱钩，自主经营。129 个民用机场实行属地化管理。首都机场仍归民航总局管理，实行政企分开，企业化经营。民航行业管理与机场脱钩，摆脱了既是"裁判员"又是"运动员"的尴尬局面。同时，民航行政管理体制由 3 级管理，改为民航总局、7 个地区管理局 2 级管理。组建民航总局空中交通管理局，改革原有的空中交通管理体制。空中警察队伍于 2003 年组建完成并于年底上岗值勤。

随着改革开放不断深入，中国民航运输业进入了快速发展时期。到 2005 年，中国民航的运输总周转量达到 261 亿吨，其中旅客运输量 13827 万人，货邮运输量 307 万吨。分别比 1978 年改革初期增长 86 倍、58 倍和 47 倍。27 年间平均增长率大于 15%，高于世界平均增长水平 6.5 个百分点。2005 年，中国民航总运输周转量在国际民航组织中排名第 2 位，同时期，民航的航线网络迅速扩展，航线布局出现前所未有的变化。到 2005 年，国内、国际和地区定期航线 1257 条，比 1978 年增加 1095 条。通航里程达（不重复距离）199.85 万千米。开始形成东西南北，纵横交错四通八达的国内航线网络和多元化发展的航线布局。国际航线增加到 233 条，2006 年航线覆盖全球大部分地区。

机场建设出现前所未有的兴旺景象。民航总局统筹规划全国建设机场布局，机场密度加大，等级提高，现代化程度增强。机场建设融资渠道由国家包揽逐步转变为中央、地方及利用外资多渠道相结合。重点推进了北京首都国际机场、上海浦东国际机场、广州新白云国际机场新建扩建工程，和经济特区、

167

图 9.34

图 9.35

图 9.36

开发口岸、旅游胜地的机场建设。（图 9.34、图 9.35、图 9.36，中国首都机场、上海浦东机场、广州白云机场）

机群更新换代速度前所未有，3 大航空公司引进了一大批现代化的先进飞机。1978 年民航仅有 135 架运输飞机，而且大多趋于老旧。改革开放以来，民航加快了机群更新换代步伐，完成了以中小型飞机为主向先进的大中型飞机的过渡。自 1980 年引进当时先进的波音 747SP 型宽体客机以来，陆续引进波音 747-400 型、波音 757 型、波音 767 型、空客 A300-600 型、空客 A310 型、麦道 MD11 型客机，曾经是民航主力的苏制伊尔 -62 型、伊尔 -18 型和英制"三叉戟"型等飞机，于 1991 年 10 月陆续停用。同时加强了维修基地建设，引进维修设备，改革维修制度，提高了飞机维修能力和维修质量。

（图 9.37、图 9.38、图 9.39，新加坡，波音客机；图 9.40，德国，空客 A300 客机；图 9.41，新加坡，空客 A320）

图 9.37

图 9.38

图 9.39

图 9.40

随着运输能力显著提高，航线网络不断完善，市场规模持续扩张，中国民航迎来高速发展期。"十一五"期间民航年运输总周转量以平均 15.6% 增速递增，累计完成运输飞行 2033 万小时，近"十五"期间的 2 倍。2010 年民航运输生产实现新突破，成为全球增长最快、最重要的民航市场之一。至 2011 年末，民航全行业运输飞机 1597 架，颁证运输机场 175 个，并全部开通定期航班。2010 年民航全行业完成运输总周转量 538.45 亿吨公里，其中旅客周转量 359.55 亿吨公里；货邮周转量 178.90 亿吨公里。其中，国内航线完成运输周转量 345.48 亿吨公里；国际航线完成运输周转量 192.97 亿吨公里。安全形势良好，运输飞行百万小时重大以上事故率为 0.05，较"十五"期间降低了 74%，明显好于世界平均水平。从 2004 年至 2010 年运输航空连续安全飞行 2102 天、2150 万小时，创造了我国民航有史以来最长的安全周期纪录。（图 9.42、图 9.43，中国，中国航空邮政快递网开通、海峡两岸通航通邮）

图 9.41

图 9.42

图 9.43

7. 通用航空异彩纷呈

通用航空是指除军事、警务、海关缉私飞行和公共航空运输飞行以外的民用航空活动，通常在距离地面 3000 米以下的低空空域活动。包括从事工业、农业、林业、渔业和建筑业的作业飞行以及医疗卫生、抢险救灾、气象探测、海洋监测、科学实验、探险活动、飞行训练、航空体育等方面的航空活动。还包括公务航空和私人航空，即政府、企业使用单位自备的航空器进行的公务航

图 9.44

图 9.45

图 9.46

空活动，个人使用自备的航空器进行的私人航空活动等。（图 9.44～图 9.46，各种通用飞机）

通用航空的发展 中国通用航空的历史，可以追溯到 1911 年秦国镛驾驶法制高德隆飞机在北京南苑机场进行的飞行表演。而 1912 年 8 月 25 日，中国航空之父冯如驾驶飞机在广州燕塘进行的飞行表演，则是中国人驾驶自己制造的飞机在中国的天空进行的首次飞行表演，到如今已有百年的历史。

1931 年，天津河北汽车学校的隋世新和朱晨用国产材料制造了中国第一架滑翔机。抗日战争期间，生活在大后方的民众对于日军飞机的狂轰滥炸深恶痛绝，同时引起民众对航空的关注。在一部分青少年中航空模型运动、滑翔运动、跳伞运动逐步开展。但是，战争环境下不可能得以正常发展。1940—1944 年 5 年间，中国国内制造滑翔机 200 余架。1941 年 4 月 4 日，在重庆成立了中国滑翔总会。1941 年 12 月，滑翔教官韦鼎烈等 4 人，驾驶飞机和滑翔机从成都出发经重庆到湖南、广西等地宣传和表演滑翔飞行。从 1940—1942 年，香港、重庆、成都先后举办了航空模型比赛和表演。1942 年 4 月 4 日，滑翔总会在重庆大田湾建成中国第一个跳伞塔，进行了多次跳伞表演和竞赛。至 1946 年 8 月，重庆市参加跳伞塔跳伞的人数竟达 5.7 万多人。1947 年 4 月，中国滑翔总会在南京小营广场举行全国第一届航模竞赛。

民国时期，在通用航空方面官方曾与美国、意大利、德国有过一些航空业务合作，但没有建立起独立的通用航空产业体系。1930 年国民政府创办了规模很小的航空测量队，隶属于军事陆地测绘局领导，它的任务是采用航空摄影测量的办法绘制军事地形图，同时也承担水利、铁道、地质等部门委托的一些航测任务。1931 年 6 月，浙江省水利局租用德国汉莎航空公司梅塞施米特 M18-D 型飞机，在钱塘江支流浦阳江进行的航空摄影。到 1937

年，全国已经有航摄飞机 12 架，但是所有的飞机和主要设备，都是由国外提供的。

1949 年新中国成立之后，我国通用航空事业得到了较快发展。为适应国民经济恢复和发展的需要，在苏联的帮助下，于 1951 年开始组建自己的通用航空队伍。1951 年 5 月，军委民航局首次使用 1 架 C-46 型飞机在广州市进行防治蚊蝇危害的飞行作业，连续飞行 2 天 41 架次。这是新中国通用航空事业的开端。（图 9.47、图 9.48，中国，农业飞机、气象飞机）

图 9.47

1952 年民航局建立了航空农林队，这是中国第一支通用航空队伍。该队有 10 架捷克制爱勒 -45 型飞机，当年飞行总量为 959 小时，专供通用航空生产作业的机场或起降点约 40 个。此后，在各地先后成立了以农林业飞行为主的 14 个飞行队。主要从事护林防火、防治蝗虫、空运树种等飞行作业。后来又成立了专为工业、农业、海上石油等服务的通用航空公司，中国通用航空业的规模逐步壮大。

图 9.48

通用航空器　20 世纪 70 年代以后，轻型、超轻型飞机相继研制成功。北京航空学院胡继忠教授领导研制的"蜜蜂"系列单座超轻型飞机（图 9.49，中国邮资片），石家庄飞机厂研制的"蜻蜓"系列单、双座超轻型飞机，水上飞机研究所和新疆联合研制的 A-1 型超轻型飞机，南京航空学院与美国艾达索公司联合研制的 AD-100 型、AD-200 型单座超轻型飞机，西安飞机设计研究所研制的"小鹰"-100 型单座超轻型飞机，南京航空航天大学研制的 FT-300 型 3 座轻型水上飞机，南京轻型飞机公司研制的 AC-500 型轻型飞机，山东滨州大高通用航空城公司与奥地利钻石飞机公司合资生产 DA-40 型轻型飞机。由石家庄飞

图 9.49

机公司生产的具有自主知识产权的海鸥 300 型多用途水陆两栖飞机，已于 2010 年 11 月首飞成功。该公司生产的小鹰 500 型多用途飞机填补了我国 4-5 座飞机的空白，具有自主知识产权，从 2007 年已开始交付用户。

由于轻型飞机构造简单、重量轻、易于驾驶、便于维护、价格低廉，而且不需要较长跑道，受到通用航空届的欢迎。

地效飞行器相继面世。地效飞行器是依靠地面效应提供主要支撑力而贴近水面和平坦地面飞行的航空器。中国科技开发院地效开发中心联合水上飞机设计研究所等单位研制的 DXF-100 型地效飞行器，于 1998 年 11 月 10 日在湖北荆门漳河水库试飞成功。该机最大平飞时速 200 千米，有效载重 1600 千克，最大航程 400 米。中国船舶科学研究中心等单位研制了"信天翁"XYW-4 地效飞行器、"天鹅"751WC 地效飞行器。南京银河龙翼船公司研制了"天使鸟"AB-606 轻型地效飞行器。

中国特种飞行器研究所研制的 FK4"浮空"-4 型充氦载人飞艇于 1990 年首飞成功（图 9.50，中国，FK-4），该艇总长 39 米，气囊总容积 2011 立方米，最大商务载重 300 千克，巡航飞行时速 80 米，乘员 4 人。我国首架获得试航证的国产载人氦气飞艇，是由北京华教联合飞艇公司研制的华教 HJ-2000 型飞艇。该飞艇具有空重轻、噪声低、艇身发光、适航能力强、运营成本小等优点。

通用航空方兴未艾 当前中国通用航空实行民航总局、民航地区管理局和民航安全监理办公室三级管理。近年来出台了一系列有关通用航空市场准入、运行标准等方面的法规，初步建立了较为完备的通用航空法规体系。

近十年来，中国通用航空作业飞行总量

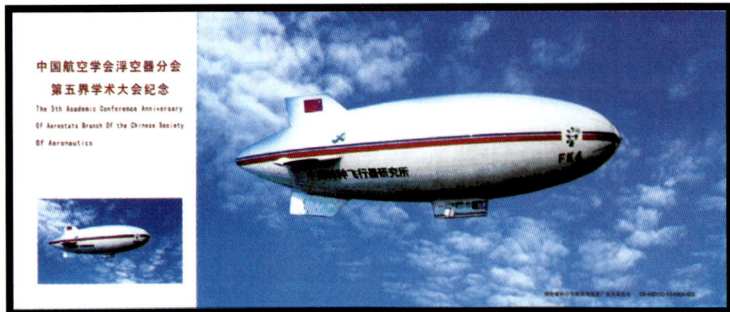

图 9.50

均保持了 10% 以上的增长速度，机队规模翻了一番。同时，通用航空市场结构正在发生变化，传统通用航空经营项目如航空摄影、航空探矿、人工降水、航空护林、飞机灭蝗、农林化飞行等份额在逐步下降；新兴作业项目包括石油服务、公务飞行、医疗救护、培训飞行等市场份额已上升至 60% 以上。2010 年，全年作业飞行总量达到 13.9 万余小时。至 2010 年底，持有通用航空经营许可证的企业 111 家，从业人员达到 10861 人（其中空勤人员 1719 人）。通用航空机队在册总数为 1010 架（其中固定翼飞机 702 架，旋翼航空器 174 架），航空运动器材和飞行器 115 架，飞艇 8 具。全国共有通用机场及通用航

图 9.51

空临时起降场点 286 个。（图 9.51，中国，直升机抗震救灾纪念封）

目前全世界约有通用飞机数十万架，从事通用航空活动的飞行员达 70 多万名，远远高于民用航空的数量。世界各大经济体通用航空大都经历了 10 年以上的高速发展期。经过几十年的发展，中国通用航空已经呈现出了良好的发展态势。但是，目前的状况与国民经济的快速发展不相适应，与世界先进国家的发展水平还有很大差距。2010 年 11 月，国务院和中央军委发布《关于深化我国低空空域管理改革的意见》，国家将逐步开放低空空域，"十一五"、"十二五"规划中通用航空列为战略性新兴产业。中国通用航空终于迎来前所未有的发展机遇，将是一个迅速崛起异彩纷呈的朝阳产业。

航空运动　异彩纷呈

航空运动是利用飞行器或其他器械在空中进行的体育运动。包括飞行运

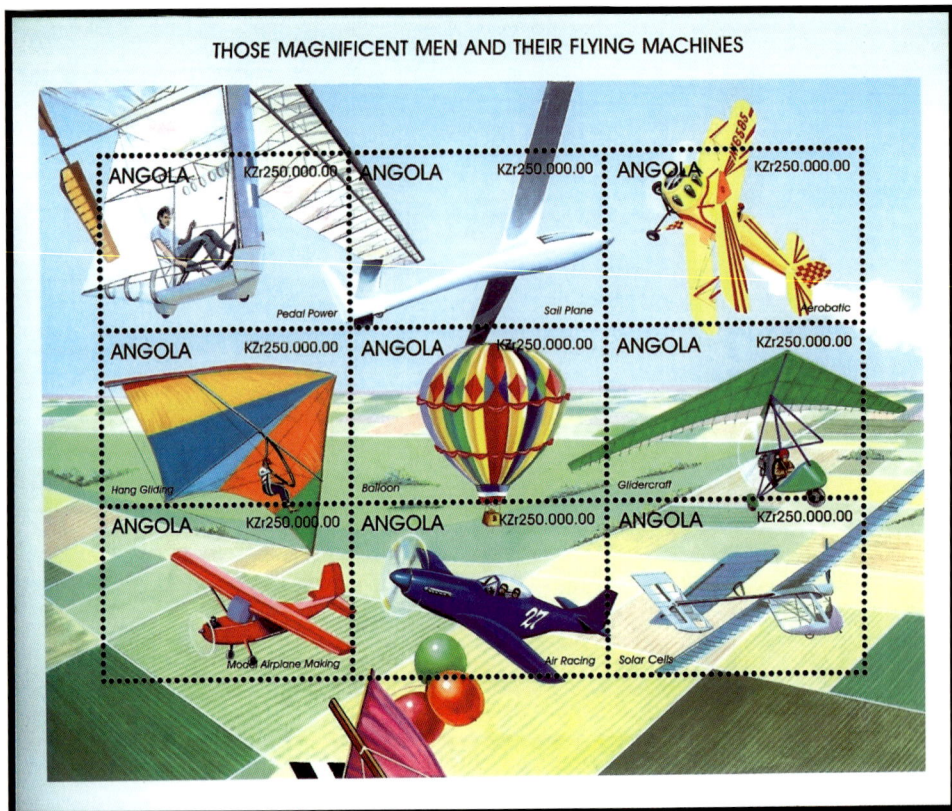

图 9.52

动、滑翔运动、跳伞运动、气球运动和航空模型运动等。目前，中国开展的航空体育项目有轻型飞机、超轻型飞机、滑翔机、直升机、动力悬挂滑翔机、热气球、飞机跳伞、动力伞、滑翔伞、航空模型、模拟飞行等12个大项。（图9.52，安哥拉，各种运动航空器）

十

现代空军　蓝天铸剑

中国人民解放军空军边打边建，从小到大，从弱到强，在战争中成长壮大，到 1954 年初已有 28 个航空兵师，各型飞机 3000 余架，空军建设进入全面发展的新时期。在国土防空保卫要地、解放一江山岛战役中，在反敌侦察窜扰、打击美军飞机入侵的作战中屡建战功，为保卫祖国领空安全做出了重大贡献。在新的历史时期，人民空军积极推进战略转型，一支与履行新世纪新阶段历史使命相适应的强大的攻防兼备的空中力量正在形成。（图 10.1，中国，人民空军；图 10.2，中国，建军 60 周年）

图 10.1　　　　　　　　图 10.2

1. 上海防空保卫战

1949 年，国民党军队残部狼狈逃至台湾及东南、中南沿海岛屿，但并不甘心失败，他们利用台湾、岱山、定海的空军基地，不断对上海及江浙地区的重要城市及交通枢纽偷袭、轰炸。美军为其派出电子侦察机，提供我方情报。仅 1949 年 10 月至 1950 年 2 月，国民党空军飞机轰炸、袭扰上海就达 20 多次，投弹 360 余枚，炸死炸伤 2300 多名无辜民众。1 月 7 日至 2 月 6 日，上海电厂、自来水厂及工业区连续 7 次遭到轰炸。国民党潜伏特务则乘机大肆散布谣言，蛊惑人心，郊区出现少数武装特务，搞暗杀抢劫。反击空袭已经刻不容缓，中

图 10.3

图 10.4

图 10.5

图 10.6

图 10.7

央军委增调 2 个高射炮兵团进驻上海。（图 10.3，中国，国土防空保卫上海）

同时，中国政府与苏联政府商定，由苏联派出一支混合航空集团军进驻上海和徐州，协助上海防空。由苏军巴基斯基中将率领的混合航空集团军于从 1950 年 3 月 13 日至 5 月 11 日陆续到达上海。这支部队曾经是莫斯科的防空近卫军，防空作战的经验丰富。苏军指挥所设在上海市虹桥路，与上海防空司令部建立了协同作战关系。苏军部队有 2 个驱逐机团（米格 -15 团、拉 -11 团），分别进驻虹桥、江湾、大场 3 个机场；1 个探照灯团、1 个雷达营。（图 10.4，马绍尔群岛，苏联米格 -15 飞机；图 10.5，巴基斯坦，图上方为米格 -15 飞机；图 10.6，俄罗斯，拉 -5 攻击机）

中苏协同作战，捷报频传。1950 年 3 月 23 日，国民党空军的一批飞机有恃无恐地朝上海飞来，突然遭到出其不意的打击。第一次协同作战击落敌机 1 架，首战告捷。4 月 2 日，在金山卫上空又连续击落国民党空军 P-51 型飞机 2 架。敌人仍不死心，继续进行骚扰空袭。4 月 18 日又在横沙以东上空击落国民党空军 P-38 型飞机 1 架（图 10.7，圣卢西亚，美国 P-51 飞机及 3 面图，图 10.8，马绍尔群岛，美国 P-38 飞机）。敌连续遭受重创后，采用夜间出动寻机报复。5 月 11 日夜，敌机凭借夜色的掩护偷袭上海。敌机刚入上海空域，就在探照灯、高射炮、驱逐机联合打击下，凌空爆炸坠落浦东。中苏部队密切配合，协同作战，夺回上海的制空权，压抑已久的上海人民欢欣鼓舞，无比振奋。

图 10.8

在记者招待会上，外国记者问陈毅市长"高射炮能打这么高吗？"陈毅不无风趣地说，"敌机能飞多高，我们就能打多高，总不会是用竹竿桶下来的喽！"

国民党空军百思不得其解，于是悄悄地从舟山起飞一架 P-38 照相侦察机前往侦察，结果让他们目瞪口呆：照片显示虹桥机场有数十架最新式的苏制米格 -15 喷气式战斗机。

与此同时，第四野战军大举登陆海南岛。蒋介石眼看大势已去，被迫发出从海南岛和舟山撤军的命令，全面撤退龟缩台湾。从 1950 年 5 月起，国民党军队从舟山撤退，舟山解放，上海人民欢欣鼓舞。舟山群岛的渔船陆续到达上海十六铺码头，久违了的舟山海鲜又摆上了上海百姓的餐桌。

1950 年 6 月，中国人民解放军空军第一支航空兵部队—第 4 混成旅成立。10 月 19 日接替苏联航空兵在上海地区的防空作战任务。巴基斯基部队在上海期间还帮助中国训练防空指挥机关人员，建设了我军第一代防空指挥所，还帮助训练雷达部队、探照灯部队以及勤务分队的指战员，为上海防空体系奠定了基础。不久，空军航空兵第 2 师在上海组建，上海地区初步形成了有歼击航空兵、高射炮兵、雷达兵、探照灯兵等部队组成的防空体系。9 月 20 日，美军 B-29 型轰炸机以 1500 米高度直逼上海。B-29 型轰炸机是美国当年在日本广岛、长崎空投原子弹的飞机，这次窜到上海轰炸的性质和结局完全不同。（图 10.9，美国，B-29 轰炸机）刚组建的航空兵 2 师 6 团飞行员何中道、李永年奉命驾驶米格 -15 型歼击机双机起飞拦截。他们密切配合，在崇明岛上空一举击落美机，取得空军国土防空作战的首次胜利。1953 年 7 月，在上海地区又

图 10.9

击落敌机 3 架。空袭的阴霾一扫而光，上海人民终于开始了和平安宁的生活。

2. 东南沿海反空袭、反侦察

朝鲜战争结束后，中国大陆处于相对和平环境，而空中斗争却出现了紧张形势。20 世纪 50 年代至 60 年代，国民党空军在美国的支持下对大陆的袭扰破坏活动不断升级，从东南沿海扩展到内陆纵深。东南沿海地区的反侦察、反空袭防空作战成为重点。

从 1954—1958 年夏，反轰炸、反侦察防空作战交替进行。1954 年 2 月前后，空军将一批歼击航空兵部队调往华东地区，随后在杭州、衢州、南昌等地部署了高射炮兵；又将空军第五军军部移至杭州，在南昌建立了防空指挥所。1956 年前后，在浙江、福建、粤东、赣南修建了一批机场，还在路桥、惠阳、新城等机场进驻了一批歼击航空兵师。歼击航空兵的作战半径可达烽火列岛、汕头附近。

航空兵第 15 师第 45 团飞行员刘业臣、副团长马建中等，1956 年在玛祖岛附近上空，击落敌机 1 架，击伤 4 架，几次迫使敌机把炸弹投在海里。1956 年 10 月 1 日，航空兵第 18 师第 54 团大队长赵德安率 4 架米格 -17 型飞机，在汕头地区上空，截击国民党军 F-84 型飞机 4 架，经 6 分 20 秒激战，击落击伤敌机各 1 架（图 10.10，格鲁吉亚，F-84 飞机）。1957 年 4 月 15 日航空兵第 2 师飞行员杨正刚率米格 -17 型双机起飞迎敌，在上海上空逼迫国民党空军 2 架 RF-84 型飞机由 9000 米高度降到 1200 米，其中 1 架逃到朝鲜济州岛上空油料耗尽坠海。从 1954 年 7 月—1958 年 6 月，空军歼击航空兵在东南沿海地区昼间击落敌机 5 架，击伤 11 架。

图 10.10

3. 建立空防合一体制

空军与防空军是新中国成立后建立的两个独立军种。解放战争时期，为抵御国民党空军的空袭，人民解放军陆续组建了一批高射炮部队。1948 年 8 月，中央军委提出了对城市、要地实行积极防空的方针，加强了防空部队的建设。

从 1949 年 4 月起，各野战军以高炮部队为基础，先后在华北、华东、东北等地建立了几个地区性的防空司令部。至 1949 年底，已组建了近 20 个高射炮团，分别部署在北京、上海、沈阳、抚顺、南京、长沙、武汉等大中城市。1950 年 12 月 16 日，中国人民解放军防空司令部在北京成立，隶属中央军委领导，周士第任司令员，钟赤兵任政治委员，谭家述任副司令员兼参谋长。此时，防空部队还是作为陆军的一个兵种来建设的。

朝鲜战争爆发后，部分防空部队开赴朝鲜，作战 1 万余次，击落敌机 400 多架，击伤敌机 1500 多架，对掩护朝鲜后方交通线和重要军事、工业目标，配合其他部队作战，起了重要作用。同时，按照边打边建的原则，由单一的城防高炮部队逐渐发展为包括探照灯、雷达、通信等诸兵种合成的部队。（图 10.11，中国，志愿军高炮部队击落美机）

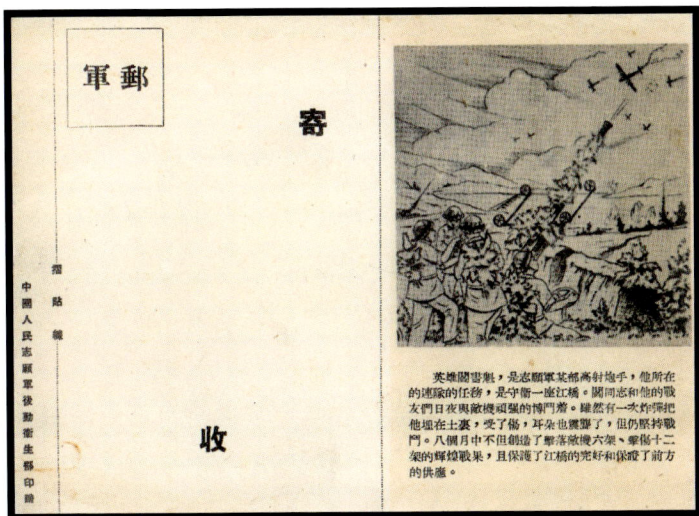

图 10.11

1955 年 8 月，中国人民解放军防空部队正式改称中国人民解放军防空军。防空军一方面继续组建新的防空军部队，一方面注重加强防空军部队的自身建设，同时从苏联引进了一批较为先进的高射炮系统。从 1955 年 8 月至 1957 年 5 月，共组建有 4 个大军区防空军领导机构、1 个防空军军部、11 个高炮师师部、32 个高炮团、6 个探照灯团、25 个雷达团、5 个通信团。学校训练也初步形成体系，先后建立了高级防空、高射炮兵、防空、雷达、技术等 9 所学校。防空部队 15 万官兵，为共和国的蓝天筑起了一道铜墙铁壁。

1957 年 1 月，中央军委决定，将陆、海、空、防空、公安 5 个军种改为陆、

179

海、空 3 个军种。1957 年 5 月 17 日，空军与防空军合并为空军，建立起空防合一的新体制。防空军所属各部队、学校番号冠以"中国人民解放军空军"。

从 1950 年 9 月防空司令部组建，到 1957 年 5 月合编。防空军在国土防空作战，抗美援朝战场，在 10541 次对空作战中，击落敌机 455 架，击伤敌机 1695 架，创造了许多成功的战例，为中国人民解放军的历史写下了辉煌的一页。

4. 协同作战解放一江山岛

图 10.12

1954 年 7 月，中央军委决定解放浙东沿海岛屿。中央军委命令华东军区统一指挥参战的陆、海、空军部队。华东军区决心首取一江山岛，作为夺取大陈诸岛的突破口。这次战役虽然规模不大，却是一次陆、海、空诸兵种联合作战行动，具有现代战争特征，在解放军战史上尚属首次。（图 10.12、图 10.13，中国，建军 25 周年、70 周年纪念、陆海空军协同作战）

1955 年 1 月 18 日，一江山岛登陆战役打响。空军的主要任务是协同地面防空部队，夺取和保持战区制空权；突击来自台湾的军舰，切断后勤补给和兵力增援；连续轰炸大陈等岛屿的军事设施，隐蔽进攻一江山岛的企图；支援陆、海军部队登陆，攻占一江山岛以及航空侦察等。空军参战部队为 5 个航空兵师、1 个独立团，海军航空兵部分兵力参战，装备苏制拉 –11 型歼击机、伊尔 –10 型强击机、图 –2 型轰炸机等各型飞机近 200 架。由华东军区浙东前线空军指挥所统一指挥，聂凤智任空军前指司令员。（图 10.14、图 10.15、

图 10.13

图 10.14

图 10.15

图 10.16

图 10.16，苏联，图 –2 轰炸机、伊尔 –2 强击机、拉 –5 歼击机）

战前，空军建立严密的指挥引导和海空、陆空协同机构。空军先后出动侦察机 60 架次，对一江山、大陈等岛屿进行航空照相侦察，获得大量情报资料。

夺取战区制空权，封锁敌占岛屿是空、海军参战部队的重要任务。11 月 1 日，以空军为主，在海军鱼雷快艇和海岸炮兵协同下，集中突击大陈海域的台湾当局军舰，同时轰炸大陈诸岛。至 12 月 21 日，空军 6 次轰炸摧毁了部分军事目标，但对军舰的突击未奏效。1955 年 1 月 10 日，空军出动飞机 130 架次，4 次轰炸大陈锚地军舰，击沉、击伤台湾当局军舰 5 艘。台湾军舰再也不敢轻易在大陈海域露面。

1955 年 1 月 18 日，空军投入支援登陆战斗，配合陆、海军部队向一江山岛发起进攻。当日 4 时 11 分，空军出动歼击机掩护登陆部队起航分批在战区上空巡逻，对战区进行掩护。8 时起，7 个轰炸和强击机大队，对一江山岛纵深集团工事和主要火力支撑点实施火力突击，扫除了对登陆部队的威胁，并使敌通信联络中断指挥失灵。14 时，3 个轰炸机大队，对一江山岛纵深的核心工事和指挥机构，再次实施航空火力突击，摧毁了"一江山地区司令部"；3 个轰炸和强击机大队，炸毁大陈岛雷达阵地。14 时 30 分，空军 2 个强击机大队配合步兵第一梯队在一江山岛登陆，对敌军前沿阵地进行俯冲轰炸扫射，压制敌火力点，支援登陆部队向纵深发展。17 时 30 分，登陆部队攻占全岛，击毙、俘虏台湾当局守军 1086 人。当日，为配合陆、海军行动空军出动歼击机 168 架次、轰炸机 72 架次、强击机 48 架次，投掷各种航空炸弹 851 枚 127 吨。由于空军牢牢掌握了战区制空权，台湾当局空军战斗机未敢到战区上空活动，为地面部队攻占一江山岛提供了有力支援。（图 10.17，中

图 10.17

国，解放一江山岛、陈应明作）

攻占一江山岛作战的胜利显示了人民解放军陆、海、空三军协同作战的强大威力。此时，盘踞在大陈、渔山、披山等岛屿的台湾守军已成惊弓之鸟，深知固守无望，遂于2月8日起，在美军协助下弃岛南逃。25日，浙东沿海岛屿全部解放。

5. 争夺海峡西岸制空权

1949年初，国民党空军各型飞机330余架由大陆撤往台湾，依仗美国的支持，仍控制着东南沿海地区的制空权，经常无所忌惮地轰炸福建，袭扰江浙。自1949年10月—1958年2月，国民党空军对福建境内的轰炸竟达686架次，投弹1680余枚，福建人民深受其害，夺取福建及东南沿海地区的制空权迫在眉睫。

1958年7月，中东事件发生。解放军福建前线部队奉命对金门国民党驻军实行惩罚性炮击。同时，中央军委决定空军航空兵部队立即入闽，夺取福建、粤西沿海制空权，掩护地面部队炮击金门的行动。

为加强指挥，组建了福州军区空军机关，聂凤智任司令员。聂凤智率指挥机构人员，日夜兼程赶赴前线，于7月25日在晋江开设了指挥所。7月27日、29日，空1师2个团、18师1个团各驾米格-17型歼击机33架，分别隐蔽转至连城和汕头机场，台湾当局竟毫无察觉。29日，国民党空军4架F-84型战斗机仍然如入无人之境般窜至粤东沿海进行侦察。驻汕头机场空54团起飞4架米格—17型歼击机突然出击，在广东南澳岛上空奇袭取胜，飞行员赵德安、高长吉、黄振洪、张以林击落敌机2架，击伤1架，首战告捷。

1958年8月4日，第二批入闽的空9师第27团歼-5型歼击机38架转至漳州机场（图10.18，中国，

图 10.18

国产歼－5型歼击机）。人民解放军空军航空兵突然出现在福建前线，弄得台湾当局摸不着头脑，连连出动飞机实施航空侦察。8月7日，国民党空军主力第5大队8架F-86战斗机，掩护2架RF-84型侦察机，企图对晋江、惠安等机场进行侦察。刚进入大陆上空，即遭遇第27团8架歼－5型歼击机截击。台带队长汪梦泉驾驶的F-86战斗机被空军飞行员岳崇新击伤，汪梦泉带着伤逃回台湾。8月13日，第三批入闽的空16师第46团、海军航空兵第4师第10团米格－17飞机各31架，分别进驻龙田、福州机场。至此，进驻福建地区的空军、海军航空兵部队连同位于二线待命部队兵力，飞机数量及性能都占有优势。（图10.19，巴基斯坦，F-86飞机；图10.20，加拿大，F-86飞机）

1958年8月13日中午，国民党空军2架RF-84侦察机，在12架F-86战斗机掩护下侵入福州上空侦察。当天上午刚进驻该机场的海军航空兵第10团立即起飞4架米格－17型歼击机迎击，在闽江口上空击伤2架RF-84飞机。8月14日，驻龙田机场的空46团8架米格－17型歼击机，在平潭岛上空与国民党空军11架F-86飞机遭遇，力量对比处于劣势的情况下，飞行员周春富英勇反击，连续击落F-86战斗机2架，击伤1架。他的座机不幸中弹，被迫跳伞落海牺牲。

图 10.19

图 10.20

四次空战，四战四捷，击落国民党军飞机4架、击伤5架，我机被击落1架。从此制空权回到了解放军手中，国民党空军再也不能在福建上空恣意横行了。

1958年8月23日，解放军福建前线部队奉命炮击金门。美国向台湾增兵，驻台美机由15架增至150架。9月17日起，驻台美军接替了台湾本岛的防务，并经常出动飞机在台湾海峡上空巡逻。国民党空军以美机为后盾更是有恃无恐，日出动飞机的数量由 100 架次增至 200 多架次，伺机挑衅，企图夺回福建地区制空权。面对这种形势，解放军空、海军航空兵加强防范，严阵以待。8 月 25 日下午，国民党空军集中 F-86 飞机 48 架，活动于金门以东上空，并以 8 架进入漳州附近。福州军区空军部队出动 68 架米格 -17 和歼 -5 型歼击机。其中空 27 团的 8 架歼 -5 型歼击机在漳州上空与 F-86 飞机机群展开空战，击落 F-86 飞机 2 架。9 月 8 日和 18 日，空军部队又击落击伤国民党军飞机 4 架。台湾当局在空中地面连续遭受打击的情况下，于 9 月 24 日出动 F-86 飞机 123 架次、RF-84 侦察机 14 架次发动了一次大规模报复行动，进犯北起温州南至汕头沿海上空。空、海军航空兵早有准备，各型歼击机 240 余架次，区分梯次，连续出动，层次配备，占据有利战术位置，给予来犯之敌迎头痛击。

图 10.21

海军航空兵飞行员王自重连续击落 2 架 F-86 飞机，座机被 F-86 飞机发射的 AIM-9 "响尾蛇" 空空导弹击中牺牲。这是空空导弹首次出现于世界空战。（图 10.21，中国，歼 -5 型歼击机）

1958 年 10 月 10 日，国民党空军又发动一次空中攻势。当日共出动飞机约 400 架次，活动于台湾海峡，其中第 5 大队 6 架 F-86 飞机窜入龙田上空。空 14 师副师长李振川带领 8 架米格 17 飞机迎战。飞行员杜凤瑞迅速出击将国民党空军 5 大队飞行员张迺军驾驶的 F-86 飞机击落，张迺军跳伞被活捉。当杜凤瑞击落第二架 F-86 飞机时，自己的座机也被击中，跳伞下降中被敌机击中壮烈牺牲。这次空战以后，国民党空军再也无力出动大批飞机争夺制空权。从此，福建前线的空中斗争形成了双方对峙的局面，再没有发生大规模空战。

6. 反空中侦察袭扰作战

两岸空战停止了，但是国民党空军对于东南沿海地区的空中侦察并没有中断，而且升级了装备，用 RF-101 型战斗侦察机，替代了 RF-84、RF-86 型侦察机。其特点是低空性能好，装有 6 部航空相机。1960 年上半年先后窜入大陆沿海 6 次，只有 2 架被我高炮部队击伤。1961 年 8 月 2 日，闽江口的地面观察哨发现 1 架 RF-101 侦察机，从海上高速飞向福州机场方向。早已严阵以待的高射炮兵抓住战机，连续集火射击，迅速将其击落。从发现到击落，仅用了 200 秒。1965 年 3 月 18 日，1 架 RF-101 侦察机由汕头地区靖海飞入大陆，驻兴宁机场的航空兵 18 师副大队长高长吉，驾驶国产歼 -6 型歼击机

图 10.22

（图 10.22，中国，国产歼 -6 飞机）起飞拦截。高长吉咬住敌机，加大油门紧追不放，在飞机时速达到 1460 千米的极限速度、飞机已经出现滚摆失稳的状态下，将 RF-101 飞机击落。从此，国民党空军的 RF-101 型侦察机再也没有露面。（图 10.23、图 10.24、图 10.25，马绍尔群岛，美国 F-100 战斗机、RF-101 战斗侦察机、F-102A 战斗机）

图 10.23

图 10.24

图 10.25

国民党空军袭扰东南沿海的同时，还不断对大陆纵深地区进行空中电子和照相侦察。其实，这是美国为获取战略情报而进行的空中间谍活动。人民空军严阵以待，低空来低空打，高空来高空打，夜间来夜间打，进行了卓有成效的斗争。（图 10.26，中国，人民空军严阵以待）

1956 年，人民空军夜间作战连开战果。空 12 师 34 团团长鲁珉、空 2 师 6

图 10.26

图 10.27

图 10.28

团领航主任张文艺、空 3 师领航主任张滋，分别击落国民党空军 B-17、P4M-1Q、C-46 型飞机各 1 架。3 次成功的空战，都是中空、月夜，在地面引导，飞行员目视发现敌机进行攻击取得的战果。（图 10.27、图 10.28，马绍尔群岛，B-17 轰炸机、P-3 侦察机）

朝鲜战争结束后，东西方进入冷战时期。美国为了获取中国大陆的情报与蒋介石父子签订协约，由美国提供最先进的侦察机，由国民党空军出动人员，以"西方公司"为掩护，在台湾新竹基地成立 34 中队，即"黑蝙蝠"中队。"黑蝙蝠"中队装备 RB-17 型和 P-2V 型侦察机，机身都涂装黑色，其任务也是昼伏夜行，与蝙蝠无异。从 1957 年开始，RB-17 飞机加装了电子设备 RB-17 飞机可以在低空 200～300 米活动长达 10 小时，而我军当时的截击机雷达只适于 3000 米以上高度作战。据台湾资料显示，美国中央情报局视"黑蝙蝠"中队侦获的大陆情报如获至宝，每当飞机回到新竹基地，美方守候人员立即登机拆卸设备，由飞机直送美国本土供情报机构研判。1957 年 RB-17 飞机进入大陆侦察 53 架次，空军出动米格 -17 波爱夫型截击机 69 次截击，无一成功。甚至出现 1 架 RB-17 飞机低空飞越大陆 9 省份，接近了北京地区，严重危及首都安全（图 10.29，马绍尔群岛，B-17 飞机；图 10.30，美国，B-17 飞机）。

毛泽东发出"全力以赴，务歼入侵之敌"的指示。各航空兵夜航大队，群策群力，研究战术，改进战法，特别是开展技术革新，

图 10.29

图 10.30

改进机载雷达取得突破性成果。1958 年 4 月 21 日夜，"黑蝙蝠"中队 1 架 RB-17 侦察机低空进入江西地区。空 12 师截击机大队飞行员李顺祥，驾驶米格 -17 波爱夫型截击机，在指挥所引导下，使用改进的机上雷达发现并截获目标，在 300 米高度将 RB-17 飞机击伤。5 月 29 日夜，空 18 师中队长蒋哲伦驾驶米格 -17 波爱夫型截击机，2000 米截获目标，2 次开炮，RB-17 飞机起火坠落于广东恩平境内，机上国民党空军少校飞行员等 15 人全部毙命。

此后，国民党空军飞机 9 个月没有出动。1960 年以后开始使用美国的性能优越的 P-2V 型飞机（图 10.31，马绍尔群岛，美国 P-2V 飞机）。P-2V 型飞机是美军的反潜巡逻机，航程 5000 多千米，续航时间达 15 小时。经过加装电子侦察、警戒和干扰设备，不仅可以侦察，还能够干扰我方的地面和机上的电子、雷达设备。我空军飞机出动 400 余架次拦截 P-2V 竟一无所获。

图 10.31

空军截击机大队、雷达兵、高射炮兵、探照灯兵展开了针对性的战法研究，结论是一要隐蔽、二要突然，让敌人措手不及，让敌机电子干扰失效。1961 年 11 月 6 日夜间，一架 P-2V 飞机在黄海上空据辽东半岛 200 千米处被雷达发现，预先设伏在城子疃的高炮群早有准备，正在静默以待，直到敌机据阵地 40 千米时，目标指示雷达突然开机并捕捉到目标。前沿探照灯兵 8 连，据目标敌机 5 千米开灯、4 千米照中敌机。霎时，十几个高射炮连同时开炮上百门高炮集火射击，以迅雷不及掩耳之势将 P-2V 飞机击落，机上 13 人毙命。从探照灯照中敌机到敌机应声坠落，仅仅 30 秒。1963 年 6 月 20 日凌晨，空 24 师副大队长

王文礼驾驶米格–17波爱夫飞机，在地面指挥所领航员的正确引导下，使用机载雷达，结合目视搜索发现敌机，近距离开炮，将入境的P–2V–7侦察机击落，机上14人全部毙命。王文礼被空军授予"夜空猎手"荣誉称号。

"黑蝙蝠"中队1953年成立至1967年12月停止活动，出动838架次。先后有10架飞机被击落及意外坠毁，死亡人员达148人，占全队2/3。1950年6月—1969年10月，中国人民解放军空军部队共击落入侵的美军和台湾当局空军飞机74架、击伤56架，迫使美国空军和台湾当局飞机停止对中国大陆的侦察袭扰活动。

7. 援越抗美　南国歼敌

1964年8月，美国为了支持南越政权，借口越南鱼雷艇攻击美国"马德克斯"号驱逐舰，制造了"北部湾事件"，悍然向越南北方发动空袭。同时美军飞机在中国西南、中南地区擦边、越境侦察袭扰活动增多。中国空军反侦察袭扰斗争重点转移到中南、西南地区。

自1964年8月29日起，美国空军凭借BQM–147G无人驾驶高空侦察机1.8万米升限的优势，不断入侵中国领空。

1964年11月15日，航空兵第1师作战小分队徐开通驾驶歼–6型飞机首次击落入侵遂溪上空的美军无人驾驶高空侦察机。1965年1月2日，南宁作战分队又在广西灵山击落一架无人驾驶高空侦察机。从此，入侵的敌无人高空侦察机被我空军、海军部队接二连三击落（图10.32，格林纳达，中国歼–6歼击机）。从1964年8月到1971年2月，美国无人驾驶高空侦察机入侵中国领空97架次，被人民空军航空兵击落14架、地空导弹兵击落3架、海军航空兵击落3架。

美国在越南"南打北炸"、"以炸求和"，1965年5月将空袭扩大到整个越南北方，越南政府要求中国派防空部队支援。1965年8月26日，中国人民解放军空军秘密派遣首批高射炮兵部队入越作战，至1969年3月14日最后一批部队撤回，先后有7个高炮师，26个高炮团，8个高炮营，9个探照灯营和14个雷达连，参加了援越抗美作战行动。（图10.33，越南，

J–6

Grenada　$2

图10.32

地空导弹部队
击落美国飞机，
图10.34，越南，
高射炮部队击
落美国飞机）

图 10.33

图 10.34

人民空军
高射炮部队入越作战的主要任务是保卫受到美军重点轰炸的
克夫、宣化、谅山等地交通目标。当时美军装备的是新式
飞机 F-4、F-105 飞机，（图 10.35，马绍尔群岛，美国 F-4
飞机；图 10.36，希腊，美国 F-104 战斗机；图 10.37，越
南，被击落的美国 F-105 飞机）使用了命中率较高的制导
炸弹、"百舌鸟"反雷达导弹。人民空军高射炮部队采取
集火近战，打一仗换一个地方的战术；雷达采取早开机，
近升压，断高压，摇摆天线，断续开机等一套反"百舌
鸟"导弹的措施，取得了辉煌战果，保卫了目标。

图 10.35

1968 年 11 月，美国被迫停止轰炸越南北方。从 1964
年 8 月至 1968 年 8 月，人民空军共击落入侵的美国 RA-
3D、F-4B、A-6A 等型战斗机 8 架，击伤 3 架，击落无人
驾驶高空侦察机 17 架，捍卫了祖国领空的尊严。在入越 3
年零 7 个月的作战中，中国空军高炮部队作战 558 次，击
落美机 597 架，击
伤 479 架；战损火
炮十五门，280 人英
勇牺牲，用鲜血和生
命谱写了中国人民援
越抗美作战的历史。
（图 10.38，越南，越
南米格 -15 飞机击

图 10.36

图 10.37

图 10.38

189

图 10.39

图 10.40

图 10.41

图 10.42

图 10.43

落美机；图 10.39，坦桑尼亚，F–5E 战斗机；图 10.40，莫桑比克，A–7 攻击机；图 10.41、图 10.42、图 10.43，马绍尔群岛，F–4、A–3、A–6 战斗机）

1979 年 2 月～3 月，为了保证中国边防部队对越还击作战的顺利进行，空军一批航空兵部队奉命在中越边境中国一侧巡逻掩护，采取高、中、低空分层配置，担负运送作战急需物资和抢救伤员任务。运输机、直升机穿云破雾飞行 228 架次，运送人员 1465 名、物资 151 吨。直升机分队，不分白天黑夜，穿梭于边防前线的崇山峻岭之间，担任前线战场运输、救护，被地面部队称为"空中轻骑兵"。

8．屡建奇功——地面防空兵

图 10.44

20 世纪 50 年代初期，一些发达国家防空部队装备了地空导弹兵器。1958 年 7 月，中央军委决定："防空部队除继续加强高炮、雷达部队外，还应建立一定数量的防空导弹火箭部队。"（图 10.44，中国，高炮部队）

1958 年 10 月，中国从苏联进口

5套萨姆–2型地空导弹兵器，导弹62发。萨姆–2型导弹，是苏联在纳粹德国的"瀑布"式导弹基础上研制成功的一种半固定式、全天候型防空武器系统。（图10.45、图10.46，利比里亚，中国红–2、红–2B型地空导弹）

图 10.45

图 10.46

　　1959年9月上旬，地空导弹部队奉命进入北京郊区阵地，担任首都防空作战任务。10月7日上午9时41分，远方雷达发现大型机一架，向大陆飞来。10时3分，雷达部队再报：敌机为RB–57D高空侦察机，已从浙江温岭上空窜入大陆，飞行高度1.8万米。

　　RB–57D飞机（图10.47，马绍尔群岛，美国B–57E飞机）在高度1.85万米实施航空照相，可摄取长约4000千米、宽70千米地幅的地面目标，对我军威胁很大。仅在1959年1月至3月，国民党空军的RB–57D高空侦察机进入大陆10架次，活动地区遍及10余个省、市，甚至深入腹地四川。空军曾经起飞歼–5、米格–19等型歼击机109批次拦截，其中有106次飞行员已经发现目标，但终因飞行升限高度不够无功而返。

图 10.47

　　RB–57D飞机掠过南京，凭借高度优势上升到1.95万米，逃过了沿途空军歼击机的拦截，经过徐州、济南上空，如入无人之境般大摇大摆地北飞。11时22分，当RB–57D飞机距离北京东南480千米时，部署在北京的地空导弹各营进入一级战斗准备。11时50分，地空导弹第2营在距离阵地135千米处，打开制导雷达天线，在115千米处捕捉到目标。

　　北京军区空军指挥所命令地空导弹第2营：歼击机已退出战斗，你们坚决消灭敌机！

　　敌机距离100千米时，2营营长岳振华发出口令：3发导弹接电准备！

　　敌机70千米时，岳振华发出口令：接通发射架同步！导弹发射架倏地昂起头来，紧随制导雷达天线对准敌机转动。

12时4分，敌机飞临北京28千米处，岳振华口令：发射！只见3枚导弹腾空而起，一举击中目标。敌机残骸落在通县东南18千米处河西务村的一片水塘中，国民党第5联队上尉飞行员王英钦当即毙命。

首战告捷，首开纪录。中国空军开创了世界第一次使用地空导弹击落敌机的先例。全营受国防部通令嘉奖，记集体二等功，朱德等领导亲临该营阵地视察慰问。

外界纷纷猜测，中国以何种手段击落美制高空侦察机，但中国始终保持缄默，唯有苏联清楚："小老弟"竟然先于"老大哥"，首开了一个世界空战纪录！

此后2年国民党空军没有派飞机侦察内陆纵深。直到1962年11月改用U–2飞机恢复侦察活动（图10.48，马绍尔群岛，美国U–2飞机）。U–2飞机适宜2万米以上高空飞行，U–2型飞机属于"黑蝙蝠中队"之后成立的第35中队，即"黑猫中队"。原型机曾经打破由英国人保持的22707米升限的世界纪录，最大时速达1000千米，续航时间长达8.9小时，装有先进的电子侦察设备。1961年，蒋经国亲自组建了"黑猫中队"。从各部队挑选的30名飞行员，飞行2000小时以上，飞行技术好，有空中侦察经验，分8批到美国接受过专门训练。"黑猫中队"与"黑蝙蝠中队"一样，同属于所谓"西方公司"，该飞机的行动直接受美国情报机构控制。

图 10.48

1962年，国民党空军在台湾当局"反攻大陆"的喧嚣声中，加紧对大陆的侦察活动。仅6个月就出动U–2飞机11架次，活动范围遍及大陆新疆、西藏之外的广大地区，就是避开了北京，因为那是让他们惊魂未定的地方。大陆的领空绝不容台湾当局飞机恣意妄为，然而，当时的空军航空兵装备对付U–2飞机无能为力，任务只能由地空导弹兵担负。960万平方千米国土、2万米以上的领空，靠3个地空导弹营拦截，其难度正如罗瑞卿指出的"要海底捞针！"空军做出大胆决策，将固守北京的地空导弹营拉出去机动设伏，在U–2飞机活动的航路上实行机动伏击，来了个导弹部队"打游击"。

地空导弹第 2 营隐蔽南下，首先转到湖南长沙设伏，近两个月未遇战机。于 8 月 17 日，该营从长沙转到南昌设伏。9 月 9 日 6 时许，1 架 U-2 飞机从台湾桃园机场起飞，飞越平潭岛，从 2 万米的高度进入大陆上空，经九江左转，直飞南昌。8 时 32 分，当它进入 2 营火力圈时，岳振华营长果断下令，顷刻间 3 枚导弹腾空而起，U-2 飞机应声坠落，残骸落在南昌东南 15 千米罗家集附近，国民党空军少校飞行员陈怀身中弹片，经抢救无效丧生。

南昌之战震惊中外，当天，周恩来总理高兴地说："很好，这是一个伟大的胜利！"9 月 15 日，首都各界 1 万多人在人民大会堂举行盛大集会，庆祝击落 U-2 飞机的胜利。（图 10.49，中国，地空导弹部队击落的 U-2 高空侦察机）

图 10.49

U-2 高空侦察机在中国大陆"失踪"，世界震惊，舆论大哗，成为媒体热门话题。因为保密工作做得好，外界只有揣测，可是尽管揣测了各种可能，如机件发生故障、驾驶员叛变……就是没有想到中国空军能够用导弹击落 U-2 飞机。因为几天前美国 U-2 飞机入侵苏联境内，他们只提警告，未曾开火。

后来，国民党空军通过电子侦察得到了我地空导弹制导系统的工作频率，于是在 U-2 飞机上加装了电子预警系统。

地空导弹部队采取"近快战法"，让 U-2 的预警系统失效。

1963 年 11 月 1 日 7 时 43 分，一架 U-2 飞机从温州进入大陆，随后沿衢州以东地空导弹部队的外侧，向西北方向飞行。为不暴露部署，我军决定在敌机返航时歼敌。

该机果然由原航线返回飞向第 2 营阵地。营长岳振华在炮瞄雷达丢失目标的情况下，果断指挥，在敌机距离 35 千米时打开制导雷达天线，及时发现并截获目标，8 秒钟内连续发射 3 发导弹，成功击中 U-2 飞机，曾两度获国民党空军"克难英雄"称号的少校飞行员叶常棣跳伞被擒。

1964 年 7 月 7 日，地空导弹 2 营在福建漳州地区设伏，又运用"近快战法"，第 3 次击落 U-2 飞机。

1964 年 6 月 6 日国防部授予第 2 营以"英雄营"的荣誉称号。7 月 23 日，毛泽东、周恩来、朱德等领导人，在人民大会堂亲切接见了二营全体指战员。

地空导弹第 2 营营长岳振华，原系高射炮兵团长。担任营长 5 年来，领导全营指战员苦练技术，钻研战术，作战指挥机智果断，表现出良好的政治、军事素质和指挥艺术。国防部授予岳振华"空军战斗英雄"的荣誉称号。

连续损兵折将的国民党空军，在 U-2 飞机上又加装了回答式干扰系统，开始夜间出动。1964 年 10 月 16 日，中国第一颗原子弹在西部地区爆炸成功，台湾当局急于获取情报。

为了对付 U-2 飞机上的回答干扰波形，空军决定在制导雷达上加装反干扰设备，与 U-2 飞机展开电子战。

1965 年 1 月 10 日 19 时 56 分，国民党空军 1 架 U-2 飞机由山东海阳入陆经黄骅、大同，飞向包头。隐蔽设伏在包头市东南的地空导弹第 1 营在营长汪林的指挥下，正确使用"近快战法"，连发 3 发导弹，U-2 飞机上的预警装置和干扰系统未来得及使用即被击落。国民党空军少校飞行员张立义跳伞被俘。这是空军地空导弹部队第一次夜间击落飞机，荣获国防部一等功奖励。

1965 年中国自制红旗 -2 号地空导弹已经装备部队。随着部队的增多，不仅重要保卫目标有地空导弹部队设防，机动设伏的部队也相应增加。1967 年 9 月 8 日上午，国民党空军出动的一架 U-2 飞机，进入浙江嘉兴地区侦察，飞行高度 2 万米。设伏在该地的地空导弹第 14 营，首次使用国产红旗 2 号地空导弹，有效地反掉了干扰，击落 U-2 飞机 1 架。

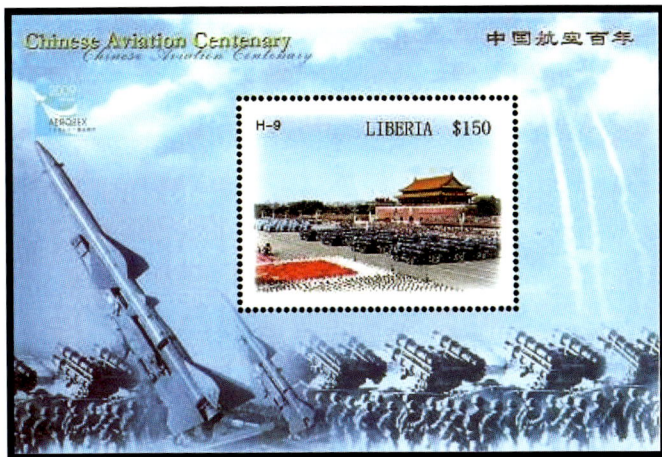

图 10.50

图 10.51

图 10.52

从 1968 年起，U-2 高空侦察机在中国大陆销声匿迹了，留下的是中国军事博物馆里的 5 具飞机残骸，还在向人们诉说它们的悲惨下场。（图 10.50，中国地空导弹部队通过天安门广场受阅；图 10.51、图 10.52，利比里亚，中国红 -12 型地空导弹；图 10.53，中国，击落 U-2 飞机邮票）

图 10.53

9. 神兵天降——空军空降兵

空降兵是以伞降或机降方式投入地面作战的兵种，又称伞兵。它是一支诸兵种合成的具有空中快速机动和超越地理障碍能力的突击力量。（图 10.54，法国，第二次世界大战中诺曼底登陆的空降兵）

1949 年 8 月 19 日，中央军委决定在空军编制内成立空降兵部队。1950 年 7 月 26 日，空军陆战第 1 旅旅部以第 3 野战军第 9 兵团第 30 军第 89 师师部为基础在上海组成，于 8 月 1 日移驻河南开封。1950 年 9 月 16 日，中国第一支空降兵部队—空军陆战第 1 旅在开封正式成立，下辖 4 个狙击营及坦克营、迫击炮营、加农炮营各 1 个，还有高射机枪、工兵、运输、通信、侦察、警卫、汽车 7 个连。

图 10.54

全旅共 5030 人，来自全军 40 个军以上单位，还有部分原国民党军伞兵第 3 团起义人员。这是当时最精锐的一支部队，全旅共产党员占 88%，战斗英雄、模范和功臣占 93%，有作战经历的占 83%。

空降兵成立之初，仅有从苏联购买的 300 具降落伞，缴获的几架美制 C-46 飞机和苏制的伊尔 -12 飞机，难以满足空降兵跳伞训练的需求。部队通过伞塔跳伞训练来掌握跳伞的动作要领。1950 年 9 月 29 日，狙击第 1 营营长、战斗英雄崔汉卿率领 62 名官兵乘美制 C-46 飞机从天而降，拉开了中国空降史上新的一幕。

1961 年 6 月，中国人民解放军空降兵第 15 军组建，空军原有的空降兵部队纳入 15 军建制，人民解放军空降兵部队迅速壮大。空降兵第 15 军是一支英雄的部队，前身为中原野战军第 9 纵队。当年，这支部队在朝鲜上甘岭战役令美国大兵闻风胆寒，曾经涌现出黄继光等战斗英雄。第 15 空降军配备的运输机主要有苏制安 -2 和国产运 -5 小型运输机（图 10.55，朝鲜，安 -2

图 10.55

飞机），空降军的主要重火力装备为 60 毫米、82 毫米、120 毫米迫击炮等，战斗能力远未达到要求。1969 年 6 月 26 日，根据毛泽东主席的指示，开始充实人员、飞机以及伞具等，并且扩建了自己的直升机团。

图 10.56

20 世纪 90 年代初，中央军委把空降兵列为应急机动作战部队，加速了空降兵部队的发展步伐。一批新型飞机、新型伞具、新型火炮等相继加入空降兵序列，使空降兵能够执行较大规模空降作战任务。（图 10.56，中国，空降兵）

21 世纪初，中国空降部队配备

的运输机主要有国产运 –7、运 –8 型运输机和俄制伊尔 –76 大型运输机，以及直 –8、直 –9 和俄制米 –8/17 直升机（图 10.57，马尔代夫，中国军用运输机；图 10.58，中国，空军空降兵）。第二代伞兵 9 型伞、翼形滑翔伞、动力飞行伞和重装空投伞等，122 毫米牵引式榴弹炮、122 毫米 40 管轮式火箭炮等压制火器，有 37 毫米双管自行高炮、红樱 –5 单兵便携式防空导弹和红箭 –8 反坦克导弹等防空和反坦克武器。还配备有伞兵突击车，用以执行快速突击作战任务。

图 10.57

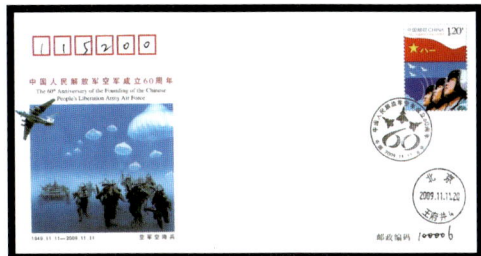

图 10.58

　　与武器发展相适应的一支"门类齐全，素质优良，梯次衔接"的人才队伍正在形成。空降兵部队所担负的特殊作战任务，需要士兵具有强健的体魄和超常的反应能力。一兵多用，一专多能是合格空降兵的基本条件。中国新一代天兵已具备了随时能飞、到处可降、降之能打、打之能胜的全方位、全天候空降作战能力，成为人民解放军战斗序列中一支令敌生畏的快速突击力量。

10．海空雄鹰——海军航空兵

　　1950 年 10 月，中国人民解放军海军第一所航空学校在青岛创建，迈出了中国海军航空兵建设的第一步。1952 年 4 月，海军航空兵部在北京成立。6 月 27 日，以陆军第 30 师师部和空军第 9 师第 25 团为基础，在上海虹桥组建了人民海军第一支航空兵部队—海军航空兵第 1 师，辖有 1 个水鱼雷轰炸机团，1 个歼击机团。1953 年 4 月，海军航空兵第 2 师在浙江宁波组建（图 10.59，中国，海军成立 60 周年纪念、义务兵免资实寄片）。

　　1954 年 3 月 18 日，海航 2 师 6 团副大队长崔巍、中队长姜凯分别驾驶米格 –15

图 10.59

歼击机，在浙东海面各击落 F-47 战斗轰炸机一架。海军航空兵战史的首次空战以 2：0 的战绩告捷！ 1955 年 1 月，在解放军陆、海、空三军解放一江山岛的战役中，海军航空兵参战 5 个团，先后击落击伤敌机 10 架，轰炸机群在歼击机的掩护下，连续猛烈轰炸，给岛上工事以重创，为登陆部队打开了通道，显示了海军航空兵作为一个独立兵种战斗力已然形成。

1955 年 6 月 27 日，海航 4 师 10 团大队长王昆率队迎击台湾国民党空军，从 2000 米高度紧追敌机，一直到距海面 70 米高度果断开炮，敌机几乎在零高度上毙命。

1958 年 2 月 18 日，国民党空军美制新型 RB-57 喷气式远程高空侦察机进入山东半岛侦察，海航 4 师 10 团中队长胡春生、飞行员舒积成立即驾驶歼-5 歼击机起飞迎敌，在 15700 米的高空将敌机打得凌空爆炸，首创同温层空战先例！（图 10.60，马绍尔群岛，美国 B-57E 飞机）

图 10.60

1958 年 8 月，台湾海峡风云突变，海航 4 师 10 团紧急入闽，参加夺取台湾海峡的制空权。8 月 13 日，10 团长途转场到福州机场，落地不到 40 分钟，国民党空军来袭，大队长马铭贤即率 4 机编队升空迎战，2 号机程开信、3 号机陈怡恕将国民党空军的 2 架 F-84F 侦察机击伤。

20 世纪 60 年代初，东海舰队航空兵、北海舰队航空兵、南海舰队航空兵先后组建，并将海军直属防空兵高炮、雷达、探照灯等部队划归航空兵建制。

美制 RF-101 飞机是高空侦察机，国民党空军吹嘘这种飞机"高炮够不着，导弹瞄不准，飞机追不上"。1964 年 12 月 18 日，海航 4 师 10 团副团长王鸿喜，驾驶国产新型歼-6 超音速歼击机一举击落 RF-101 一架，飞机坠落于浙江温岭以东海面，国民党空军少校飞行员谢翔鹤跳伞被俘。

1964 年 8 月，美国在发动侵越战争的同时，派遣军舰进入中国南海游弋，派飞机对我国沿海和内陆进行侦察挑衅。1965 年 3 月 24 日，美机侵入海南万宁上空，海航 4 师 10 团中队长王相一单机击落 BQM-34A "火烽" 式无人驾驶高空侦察机。接着，副大队长舒积成又连续击落 2 架。4 月 9 日，海航 8 师 24 团大队长谷德合率程绍武、魏守信，李大云驾驶歼 -5 歼击机，与从美第七舰队 "突击者" 号航空母舰上起飞的 4 架号称世界上最先进的 F-4B 型 "鬼怪" 式战斗机交手，以大无畏的英勇气概，与美机进行空中 "白刃格斗"，敌机在慌乱中发射 "麻雀" 3 型空空导弹，误将自己的 "鬼怪" 飞机击落，其余 "鬼怪" 掉头逃窜。（图 10.61，马绍尔群岛，美国 F-4 飞机）

1965 年 9 月 20 日，2 架美军 F-104C 战斗机携带新式 "响尾蛇" 导弹飞临海南岛西岸向我军挑衅。海航 4 师 10 团大队长高翔率僚机驾驶歼 -6 型歼击机从海口机场升空迎敌。高翔面对当时最先进的战机，来了个空中拼刺刀，逼近敌机 291 米处才扣动射击按钮，三门航炮齐射，打到 39 米也没有松手，直到打得美机凌空爆炸。由于三炮连射距离太近，造成一台发动机停车，高翔单发安全落地。面对遍体鳞伤的战机，机务人员发现飞机竟被爆炸碎片击穿了 50 余个小洞。美国飞行员菲利普·史密斯跳伞被俘。在审讯中他心有余悸地说："太可怕了，这么近距离开炮，这是一次我想也不敢想的战斗。"高翔是第一个打掉 F-104C 飞机的人。（图 10.62、图 10.63，中国，英

图 10.61

图 10.62

图 10.63

图 10.64

雄高翔椰林空战胜利纪念封、片）

海航4师10团，击落敌机24架、击伤7架，打出国威军威。1965年12月，被国防部授予"海空雄鹰团"称号。毛泽东先后25次接见该团的41名代表。（图10.64，中国，"海空雄鹰团"命名40周年纪念封）

1967年6月26日，海航6师16团副大队长王柱书、飞行员吕纪良双机在海南岛榆林上空将入侵我领海的1架美军F-4C战斗机打得凌空爆炸。1968年2月15日，海航8师6团副大队长陈武录、飞行员王顺义双机出击，在海南岛万宁上空击落击伤美军A-1H舰载攻击机各1架。1970年2月10日，海航8师4团大队长周新成、中队长祁德启双机在海南乐东上空将美军BQM-34A"火烽"式无人驾驶高空侦察机击落。在与美军作战中，中国航空兵用劣势装备先后击落美机7架、击伤1架、美军导弹击落己机1架，以优异战绩，打出了国威军威。

20世纪70年代末，直-9舰载直升机成功试航，中国海军航空兵开始组建舰载机部队。1980年4月，郭文才、于志刚等第一批舰载机飞行员首次随编队驶向南太平洋，胜利完成了打捞运载火箭数据舱的任务，开始由岸基向舰载的突破。

20世纪90年代末，中国海军航空兵装备了国产FBC-1"飞豹"歼击轰炸机，提高了对地对海突击能力。2000年4月，中国海军航空兵部队组织轰油-6空中加油机与歼击机空中加受油训练，多架歼击机与加油机按预定计划成功实现对接受油。

目前，中国海军航空兵已拥有歼击机、轰炸机、歼击轰炸机、强击机、舰载直升机、空中加油机、电子干扰机、水上飞机、侦察机、反潜飞机、运输机等多种机型。中国海军航空兵着眼于打赢未来高技术海战，坚持地面苦练，空中精练，向高难科目要战斗力，先后组织导弹空射、高空复杂特技、超声速攻击、超低空突击、夜间复杂气象、跨区机动等高难科目演练，现代化作战能力显著提高。（图10.65，中国，海军航空兵）

2012年9月25日，由苏联瓦良格号航空母舰改装而成的中国第一艘航空母舰—

图 10.65

图 10.66

"辽宁"舰正式交付海军服役；2012 年 11 月 25 日，歼 15 舰载机在"辽宁"舰上成功着舰、起飞。从此海军航空兵有了海上起降基地（图 10.66，中非，瓦良格号航母），不久的将来，海军远海作战能力必将得到更大提升。（图 10.67，中国，"辽宁"舰和歼 15 航载机）

图 10.67

11．空中轻骑——陆军航空兵

快速机动能力，是古往今来一切军队追求的目标。陆军经历了步兵 – 骑兵 – 摩托化 – 机械化的演变之后，直升机特有的垂直起降、超低空飞行、空中悬停等超常性能必然受到陆军的青睐，并使得战场快速反应、空中打击和快速机动能力空前提高，陆军作战样式也随之发生彻底改变。陆军航空兵，就是陆军编制序列中的以直升机为主要装备支援地面部队作战的一个高技术兵种，被誉为"空中轻骑兵"。直升机首次参加军事行动是在 20 世纪 50 年代初的朝鲜战场。在 20 世纪 60 年代越南战争中，直升机首次大规模投入实战。20 世纪 80 年代"两伊战争"中，武装直升机更加引人注目。伊朗武装直升机，在短短 5 分钟内摧毁伊拉克 18 辆坦克，举世震惊。当今世界发生的每一场局部战争，陆军航空兵几乎成了不可或缺的角色。（图 10.68，坦桑尼亚，中国陆航直 –9 型武装直升机）

根据直升机的性能特点，通常分为攻击直升机、运输直升机和各种类型的勤务直升机等。在现代战争中，陆军航空兵可为地面部队提供直接空中火力支援，

图 10.68

图 10.69

图 10.70

毁伤敌前沿和战术纵深内的重要目标，实施机降战斗，并可遂行空中侦察、巡逻、电子对抗、空中布雷、救援救护等任务。

1985 年，中国做出了军队建设指导思想实行战略性转变的重大决策，根据"精兵、合成、高效"的战略目标裁军百万。正是在这个战略转变之际，中央军委决定组建陆军航空兵（图 10.69，中国，总参陆航部纪念封）。1988 年 1 月，以空军某直升机团为基础，第一支陆军航空兵大队成立。装备了从空军接收的国产直–5、直–6、直–9 型直升机，24 架美制 S–70C"黑鹰"直升机及 8 架法制 AS–342L"小羚羊"直升机（图 10.70，坦桑尼亚，中国军用直升机），同时研制直–8、直–9 的专用武装型直升机。从此，陆军航空兵作为我军最年轻的兵种，跨入了人民解放军的序列，为以"铁脚板"著称于世的我军陆军插上了"钢铁翅膀"。

陆军航空兵装备建设先后经历了整机引进、授权生产、合作开发、自主研制等阶段。陆航部队装备数量规模不断扩大，体系结构不断完善，质量效益不断增强，保障效率不断提高，武装、运输和战勤三大类直升机协调发展，装备具有全天候空中攻击、空中机动和立体保障的综合作战能力。

　　陆航组建以来参加各种规模的演练、演习上百场，圆满完成了演习赋予的空中侦察、攻击、机降、通信、校射、布雷等作战任务，带来了陆军机动方式、作战样式、战法等一系列变革，促进了部队整体作战能力不断提高。某陆航团为了提高空对地反坦克导弹射击的精确度，在训练中提出了"零米误差"的标准，用的靶标只有坦克的十几分之一，在高原气候恶劣，飞行状态难保持的情况下练瞄准、发射、控制，锤炼空中精确打击能力。达到离地50米超低空穿越山谷，准时进入预定空域，捕捉到目标，发射导弹命中率100%。为了征服青藏高原多雄拉山口，某陆航团牺牲了7名机组人员，终于在只有70米宽的悬崖峭壁最狭窄处打开了"死亡航线"。为完成在6700千米边防线上的巡逻任务，某陆航团面对许多海拔6000米以上高峰，冒险进行多次飞行探索，积累了上万个航线数据，成功闯进了阿里高原的"飞行禁区"。

　　1999年6月30日，中国人民解放军陆军航空兵学院组建，开始正规化培养输送高层次陆航人才。（图10.71，中国，陆军航空兵学院纪念封）

　　在抢险救灾、护林防火和紧急救援等大量急难险重任务中，陆军航空兵功不可没。2008年汶川特大地震中，成都军区某陆航团被中央军委授予"抗震救灾英雄陆航团"荣誉称号（图10.72，中国，陆航某团汶川抗震救灾纪念封）。在返回式卫星、"神舟"飞船回收、搜救任务中，陆航直升机也发挥了不可替代的作用。在内蒙古四子王旗"神舟"5号载人飞船返回舱回收现场，待命的陆航直升机机组在夜色降临的茫茫草原上精心搜索，准确判断，及时赶赴着陆点，李少康驾驶的直升机与杨利伟的返回舱几乎同时接地，创造了航天回收搜救的奇迹。（图10.73、

图10.71

图10.72

图 10.73

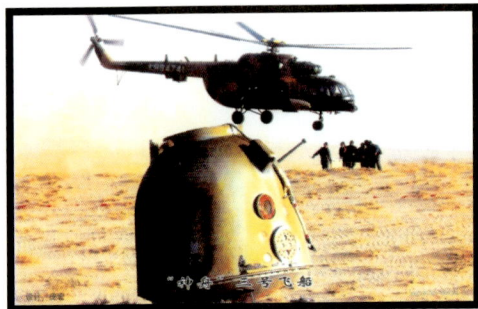

图 10.74

图 10.74，中国，陆航执行载人飞船回收任务纪念封、片）

2005 年 8 月，陆军航空兵在胶东半岛参加中俄"和平使命"联合军事演习。中国陆航的武装直升机以超低空掠海飞行，以火力开辟空降场。18 架运输直升机实施快速机降……在陆航武装直升机和运输直升机的配合下，地面部队迅速占领了滩头阵地，开辟了登陆场。这是中国陆军航空兵首次同国外军队举行联合军事演习，其出色表现令国外同行刮目相看。

2012 年，陆航装备了直 10、直 19 型武装直升机，并迅速形成新的作战能力。

12. 抢险救灾　空军驰援

人民空军来自人民，与人民群众同甘苦、共命运。在历次抢险救灾行动中，在急难险重任务面前展示了人民子弟兵的本色。

从 1951 年 4 月 1 日起，黄河炸凌成了空军延续数十年的例行任务。1953 年初春，包头米仓县险情，一夜之间水位骤涨 1 米多，炮兵用迫击炮多次轰击无效。4 架图 -2 型轰炸机按照周恩来总理的嘱托，迅速飞临上空连续 7 天出动投弹 251 枚，终于将凌坝炸开了 11 处缺口，险情解除。黑龙江阿穆尔地区、海拉尔地区，还有渤海湾油井区等都曾出现过险情，都是人民空军化险为夷。

不论是内蒙古的"红灾（火灾）"、"白灾（雪灾）"，还是大、小兴安岭的森林大火，空中紧急救援几乎成为首选，这是人民群众对人民空军的信任和期盼。1985 年冬，全国唯一没有通公路的西藏墨脱县遇到了百年不遇的罕见雪灾。空军某航空兵团奉命飞往"高原孤岛"墨脱紧急援救。团长邢喜贵带领藏族飞行员扎西次仁等机组成员冒着暴风雪，往返飞行了78架次，将84吨急需的衣、食、盐、茶等生活用品送到了藏民手中，门巴族、珞巴族牧民感激地称雪中送炭的解放军是天降的"吉祥鸟"。

每当洪灾肆虐都有人民空军抗洪救灾的行动。1975年7月、8月间，河南、湖北暴雨成灾，数十座水库悉数被毁，数百万群众被洪水围困，京广铁路被冲断。空军闻风而动，出动飞机128架，飞行3500多架次，抢救灾民1.97万人，紧急空投空运各种物资5100余吨。空军空降兵部队2300名官兵迅速出击，在驻马店重灾区与洪水直接对抗18个日夜，救出4321名被困群众。1998年，长江中下游沿岸和嫩江、松花江流域出现百年一遇的特大洪涝灾害。空军先后出动官兵20万人次，飞机1000多架次，空运物资数千吨，抢救灾民1万多人。这是一场在水陆空三维空间与洪水展开的殊死搏斗，是迄今规模最大的抗洪行动。

在历次抗震救灾中充分发挥了空军快速机动和超越地域的能力。从1951年12月21日云南丽江地震起，几乎每一次大的地震，空军的飞机都以最快的速度飞到震区侦察灾情，运送物资，抢救伤员。1976年7月28日，一场空前浩劫吞噬唐山，一座新兴的工业城市骤然毁于特大地震，24.2万人在那个早晨再也没有醒来。灾情就是命令，4个军区空军168架飞机迅速飞降到唐山唯一的空军机场救灾。拥塞的机场跑道上只好采取两头起飞，空中建立左右航线，在有限的空间开辟新的航路。唐山地震期间，空军飞行2478架次，紧急空运救灾人员5874人、物资2万余吨，紧急载运伤员2万余人。同时，冒着余震危险在废墟中抢救出遇险群众2846人……（图10.75，中国，空军参加唐山抗震救灾）

图 10.75

正当全国人民满怀期待迎接2008'北京奥运会之际，5月12日四川汶川发生了里氏8.0级特大地震。顷刻之间，天崩地裂，河山变色，数万群众生死未卜。一场空前的大空运、大空投、大救援行动在空、地两个战场迅即展开，全国 49 个机场、60% 的范围投入救灾行动。成都附近 4 个机场，一二分钟起飞一架飞机。面对余震不断，复杂地形，恶劣天气，空军航空兵在没有地面引导的情况下，顽强无畏，迎难而上，创下我军航空史上单日出动飞机最多、飞行强度最大、投送兵力最多等多项纪录。（图 10.76，中国，空军支援抢险救灾）

图 10.76

人民空军视救灾为己任，把抢险当战斗，平时列入训练课目，随时备有应急预案，做到一声令下立即出动，这就是历次抢险救灾行动能够交出合格答卷的奥秘。

13. 飞行表演　劲舞蓝天

2012 年 1 月 25 日，空军八一飞行表演队迎来了建队 50 周年纪念日。国家级的中国航空博物馆专门为此发行一枚邮资片（图 10.77、图 10.78，中国，八一飞行表演队成立 50 周年纪念）。小小的明信片上记录了空军八一飞行表演队 50 年的历程和辉煌。

当今世界飞行表演队大致可以分为三类：一是展示国威军威和礼仪的官方表演队；二是具有商业色彩的民间表演队；三是以展示飞机性能推销产品为目的的航空

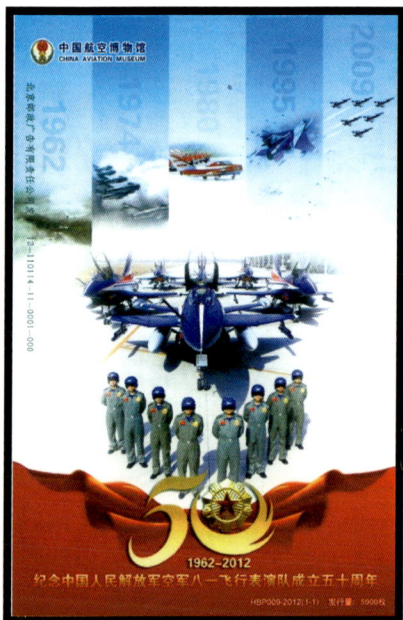

图 10.77

图 10.78

图 10.79

图 10.80

图 10.81

企业表演队。（图 10.79～图 10.82，意大利，"三色箭"飞行表演队）

图 10.82

八一飞行表演队的创立缘起国家外交礼仪的需要。1961 年，印度尼西亚总统苏加诺访华。按照当时国际惯例，在元首专机进入领空后应由受访国飞机护航。根据周恩来总理的指示，空军从北京军区空军航空兵某部选调 8 名优秀的飞行员，他们驾驶 8 架歼 –5 型歼击机圆满完成了这次元首专机护航任务。1962 年 1 月 25 日，经中央军委批准，中国人民解放军护航表演大队正式成立。1987 年 8 月 1 日，该队正式命名为"空军八一飞行表演队"。

飞行表演是飞行员和飞行器的有效结合，既要求飞行员具有精湛的技艺，又要求飞机具有优良的飞行性能。八一飞行表演队创建 50 年来，表演飞机经过 6 次更新换代。歼 –5 型（米格 –15 比斯）歼击机是第一代坐骑，这使得八一表演队以喷气式飞机为起点闪亮登场。从 1974 年起，表演队换装歼 –6 型歼击机为表演机，开始了超音速表演。1980 年，改装了歼教 –5 型歼击教练机，表演水平由歼 –5、歼 –6 飞机的 4 机编队，提高到 6 机、9 机等多种特技飞行编队表演。1995 年以来改装了歼 –7EB、歼 –7GB 型歼击机，表演水平再次提升，6 机上下开花、双机对飞等精彩高难动作成为观众看点。在数次国庆阅兵空中梯队里，表演队 8 机护航领队长机，在天安门上空留下道道绚丽彩虹。（图 10.83，中国，副票为八一表演

图 10.83

图 10.84

图 10.85

队空中受阅；图 10.84，中国，八一表演队受阅纪念封）

按照表演机的标准来要求，这些飞机的性能都有相当大的差距，严重制约了表演队飞行技术水平的发挥。但是，表演队一代一代的飞行勇士们凭着高度的荣誉感、责任感，认真钻研技术，科学编排队形，地面苦练，空中精飞，硬是驾驭这些飞机飞出了让世人称道的表演水平。（图 10.85，安提瓜与巴布达，中国八一表演队歼-7GB 表演机）

20 世纪 70 年代以前，世界上使用喷气式飞机的表演队屈指可数，而且只飞到 4 机、6 机编队，个别飞过 9 机的表演队由于安全的原因后来也终止了。八一飞行表演队从 20 世纪 80 年代初开始达到了 9 机编队表演水平，而且创造了当时绝无仅有的 9 机编队水平开花、向上、向下开花等高难动作，更受到了国内外飞行同行的赞誉，他们驾驶歼教-5 飞机迈进了世界先进表演队的行列。

1995 年 7 月，八一飞行表演队开始换装歼-7EB 型歼击机，与歼教-5 相比有较大跨度。当年表演队完成改装任务，探索成功全套 16 个表演动作的表演方案，飞出了 6 机楔队筋斗等 5 套高水平的高难动作，随后，他们为提高表演观瞻效果，将 5×3 米编队提高到 3×3 米水平，成功试飞出宝塔队形、蓝宝石队形、双机对头以及 6 机编队向上、向下开花等多套高难表演动作，表演水平实现新的跨越。（图 10.86 ～图 10.89，安提瓜与巴布达，八一表演

图 10.86

图 10.87

队、各种空中表演造型）

2009 年 6 月，表演队终于迎来了他们期盼的 4 架歼 -10 型飞机。中国开始成为除美国、俄罗斯外，第 3 个使用三代超音

图 10.88

图 10.89

速战机从事表演的国家。歼 -10 飞机作为中国自主研制的第一种三代超音速战机，其优良的操纵性、机动性和强劲的动力为表演队的空中健儿们提供了大显身手的新坐骑，同时也提出新的更高的挑战。要飞出三代机的水平，展示表演队新的风采，不仅飞机性能要发挥到极致，飞行员的生理承受能力也将达到极限。为此，空军在各歼 -10 航空兵部队中好中选优、优中拔尖，挑选了一批年轻优秀的飞行员。经过短短几个月的紧张训练，表演队驾驶 4 架歼 -10 飞机在空军成立 60 周年飞行庆典上向首都观众亮相，一个个高难惊险动作赢得中外观众喝彩。2010 年 11 月，第 8 届中国珠海国际航空航天博览会上，表演队所在的航空兵师师长严峰身先士卒，单机率先加力起飞，飞机滑跑不到 300 米，一个"旱地拔葱"动作飞机以 70° 大仰角急剧跃升，突如其来的惊险动作一下子让全场观众屏气凝神……队长曹振带领他的队友以 6 机特技编队为主，穿插 4 机编队和双机、单机表演。其三角编队、菱形编队、双机对头、双机剪刀机动等队形不断变换，花样不断翻新。6 场表演，空中勇士们为中外数十万观众呈献了一场场蓝天芭蕾劲舞。表演队精湛的技艺和精神风貌，飞机的优良性能都得到充分展示。
（图 10.90，中国，空军八一表演队驾驶歼 -10 型飞机珠海航展表演纪念封）

空军八一飞行表演队 50 年的辉煌历史，是一代代官兵以奉献和牺牲铸就的历史。从首任队长邵颜

图 10.90

魁，到歼7时代队长丁安庆、吴国辉、李秋、陆兵、楼国梁再到现任队长曹振率领一代一代官兵，不畏艰难，苦练精飞，为了鸽的使命，练就了鹰的翅膀，在蓝天上行使国家大礼，先后为147个国家和地区的633个代表团，遂行迎宾

图 10.91

表演和护航390余次，成功率100%，展示了国威军威，展示了人民军队的风采。为了表彰他们的成绩，在建队50周年前夕，中央军委为八一飞行表演队荣记一等功。（图10.91，中国，八一表演队巡回表演纪念封）

14. 装备更新换代　管理科学规范

人民空军的航空装备，在创建初期是以收缴日、伪、国民党空军飞机为主；抗美援朝期间，在苏联的援助下航空装备获得了一次重大更新；20世纪50年代至70年代，随着航空工业从修理走向制造，空军开始装备以歼-5、歼-6、歼-7、歼-8系列等第1、第2代歼击机为代表的国产飞机；20世纪80年代，空军加速进行主战装备的更新换代；到21世纪初，第3代作战飞机开始陆续装

图 10.92

图 10.93

备部队；目前，空军作战飞机已经形成以第3代机为主、2代机为辅的格局。（图10.92、图10.93，中国、几内亚比绍，中国空军歼-8II；图10.94～图10.96，圣多美与普林西比、圭亚那，中国空军歼-10飞机；图10.97，圭亚那，中国歼-11；图10.98，几内亚比绍，苏-27；图10.99、图10.100，智利、莫桑比克，苏-30）

图 10.94

20世纪80年代初开始，为了适应国家改革开放、经济体制改革的新形势，国务院、中央军委统

图 10.95

图 10.96

图 10.97

图 10.98

图 10.99

图 10.100

一部署决定，所有军事装备的研制、生产一律实行国家指令性计划下的合同制。这为军队武器装备的研制和发展注入了生机和活力，一批批新的武器装备进入空海军部队。同时，空军开始引进航空装备全寿命管理的理论和方法，开展对全寿命管理的研究实践。1982 年，空军推广装备管理"三化"（科学化、制度化、经常化）活动，部队装备管理秩序和环境得到整治，装备状况得到改善，空军装备管理水平显著提高。

图 10.101

（图 10.101，乌干达，中国空军强 –5、强 –5C、歼轰 –7、歼轰 –7A 飞机；图 10.102，中国，歼轰 –7飞机）

空军一手抓现有装备的科学管理，一手抓武器装备发展研究论证。2004 年 2 月 2 日，空军装备研

10.102

究院在北京成立。下设空军装备总体论证研究所、空军航空装备研究所、空军地面防空装备研究所、空军雷达与电子对抗研究所、空军通信导航与指挥自动化研究所、空军情报装备研究所、空军航空气象防化研究所和航空弹药导弹技术勤务、科技信息研究所及计量试验站。这是空军装备领域的技术权威机构，是空军装备发展决策的最高咨询机构，是空军实施科技强军战略的一支重要和关键力量。（图 10.103 ～图 10.106，多米尼加，中国轰 –6、轰 –6H 轰炸机、轰油 –6 加油机）

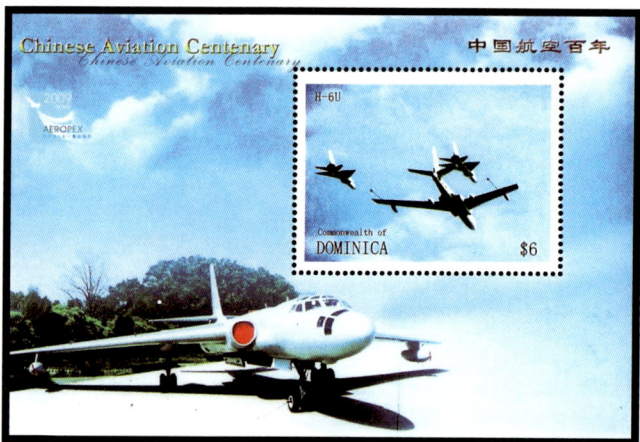

图 10.103

图 10.104

图 10.105

图 10.106

经过数十年坚持不懈的努力，空军初步形成了种类比较齐全、结构比较合理的装备体系。空军装备建设发展实现了 3 个方面的重大转变。一是装备发展，实现由外购、仿制到自主研制的转变。空军装备研究发展到以作战飞机为主体、以综合信息指挥控制系统为中心，由空对空、空对地、地对空作战装备，构成高、中、低空与远、中、近距合理搭配，空防合一、规模适度、攻防兼备的装备体系。二是装备管理，实现由多头分散管理到集中统一管理的转变。1998 年 11 月，空军成立装备部，各级建立相应的装备机构，形成了完善的装备管理体系；装备的科研试验机构、监造检验机构、修理储存机构以及基层使用保养单位优化调整，管理水平和效益显著提高。三是装备维修，实现由传统定时维修到以可靠性为中心的维修转变。空军航空装备系统从20世纪80年代大力开展航空维修理论研究，制定维修法规，改善维修手段、改革维修方式、改革维修体制。

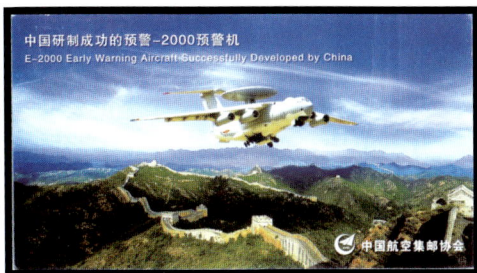

图 10.107

在各级建立了装备维修质量控制机构，从全系统、全寿命过程实施科学维修管理，实现了向以可靠性为中心的转变。实行定时、视情和状态监控3种维修方式相结合，使装备维修技术水平和保障能力跨上新的台阶。为了适应3代战机的故障处理、维修规律、保障特点，开展科学技术保障研究，取得了信息系统软件开发、飞行参数处理等一大批实用的前沿成果，形成了部队、院校、科研单位"三位一体"的新机技术保障体系，为新装备尽快形成战斗力走出了一条新路。（图 10.107，中国，中国空军空警–2000预警机）

15．推进战略转型　铸造蓝天利剑

中国航空事业历经百年历史，人民空军走过60年光辉历程。进入新世纪，空军按照攻防兼备的战略要求，有计划推进现代化转型建设。充实完善空军发展战略和人才发展战略，深化信息化条件下空军作战和转型研究。加强以空中进攻、防空反导、战略投送为重点的作战力量体系建设，健全完善领导指挥体系，建立信息化、网络化、基地化支援保障体系。深入开展复杂电磁环境下体系对抗训练，进行一系列带有战术背景的演习演练和战役集训。加强以首都为中心、边境沿海一线为重点的日常防空战备工作，组织完成国家重大活动空中安保及抢险救灾、国际救援、应急空运等非战争军事行动任务。（图 10.108，中国，中国人民解放军成立80周年纪念；图 10.109，中国，空军成立50周年纪念）

图 10.108

目前，中国人民解放军空军下辖沈阳、北京、兰州、

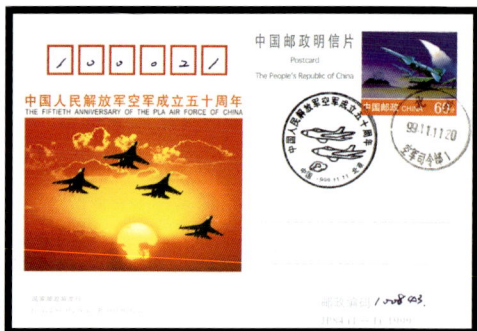

图 10.109

济南、南京、广州、成都 7 个军区空军和 1 个空降兵军。军区空军下辖航空兵师、地空导弹师（旅、团）、高炮旅（团）、雷达旅（团）、电子对抗团（营）等，航空兵师下辖航空兵团和驻地场站。当前，人民空军结构优化、质量提升、体系融合、能力增强，革命化、现代化、正规化建设不断取得新进步，全面建设实现新跨越。已经发展成为空防合一，主要由航空兵、地面防空兵、空降兵、通信兵、雷达兵、电子对抗兵、技术侦察兵、防化兵等兵种组成的战略军种。主战装备跨代跃升，陆续装备第三代作战飞机、战略预警飞机、信息化装备和新型防空武器等装备，形成了系统配套齐全的武器装备体系，信息化条件下体系对抗能力进一步增强（图 10.110，中国，中国第 4 代歼击机首飞成功）。高素质人才群体日益壮大，为部队建设发展提供了智力支撑。作战能力不断提升，形成了综合性进攻作战力量、防空作战力量和空降空运作战力量，应对多种安全威胁、完成多样化军事任务能力明显增强。人民空军正在积极推进战略转型，一支与履行新世纪新阶段我军历史使命相适应的强大的攻防兼备的空中力量正在崛起。（图 10.111，中国，空军 60 周年纪念邮资封）

图 10.110

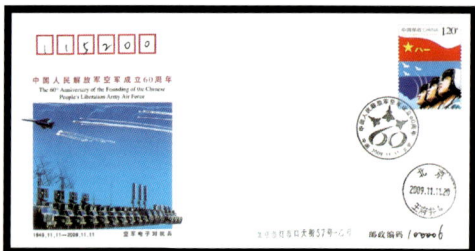

图 10.111

参考文献

［1］刘亚洲、姚峻. 中国航空史. 湖南科技出版社，2007.

［2］姜长英. 中国航空史 史话·史料·史稿. 清华大学出版社，2000.

［3］何为荣等. 空军大辞典. 上海辞书出版社，1996.

［4］高建设. 中国航空工业大事记. 航空工业出版社，2011.

［5］马毓福. 中国军事航空 1908—1949. 航空工业出版社，1994.

［6］林虎. 空军史. 解放军出版社，1989.

［7］黄孝慈. 中国飞机寻根（台湾）. http://cw/am 2000. Ocatch.com/chinaac.htm.

［8］简氏. 飞机鉴赏指南. 人民邮电出版社，2009.

［9］罗亮生. 大众航空. 航空工业出版社，2005.

邮票图说 系列丛书

书 名	定价	获奖	内容简介
奥林匹克运动	43.00 元	获得 2008 年奥林匹克博览会集邮展览"镀金奖"	为纪念每届奥运会而印发的奥运纪念邮票也成了奥林匹克历史、奥林匹克运动本身发展至今的唯一见证"人",你想见识一下这位历经沧桑、学识渊博的"奥林匹克百岁老人"吗?那就请去咨询一下本书吧,它定会让你满载而归。
西方音乐史话	43.00 元	获得 2009 年洛阳世界邮展"镀银奖"	音乐是人类文化的精粹,历史是人类文化的根基,漫漫万年人类文明孕育的精神奇葩——音乐在历史中又是如何走过了其漫长的岁月,本书以精美的邮票图片向世人展示了西方音乐悠久的发展历史。
世界航天 50 年	43.00 元		本书集知识性、趣味性于一身,在方寸之间向读者展示了世界航天事业 50 年来的发展和变化。内容翔实,能为不同年龄段、不同知识层次的读者所接受。
世界航空史话	56.00 元	获得 2010 年全国集邮展览"大银奖"	本书以航空和邮政史实为主线,结合邮票、封、片的信息讲述世界航空发展的历史。以时间为序列,依航空发展阶段设立篇章,以航空知识和集邮知识融合的视角精选上百个国家和地区 900 余枚邮品素材。
世界遗产	52.00 元		世界遗产专题邮票吸引越来越多集邮爱好者的"眼球"。本书作者选用了 188 项世界遗产的 582 枚专题邮票,共涉及 76 个国家和地区,内容丰富多彩,图片珍贵精美,是一本不可多得的有收藏价值的图书。
世界服饰文化	53.00 元		本书将集邮文化与服饰文化熔为一炉,使邮票与服饰的知识性、趣味性、观赏性有机结合在一起,相得益彰。作为集邮,藏研服饰邮票是一个专题。作为服饰,通过邮票加以渲染,展现中外服饰的演变,使多姿多彩的服饰文化一览无遗。
恐龙家族	49.00 元		恐龙家族庞大,尽管恐龙邮票诞生的时间不长,但也丰富多彩,琳琅满目。该书是一部全面介绍恐龙基本知识、恐龙邮票发行情况的科普读物,是恐龙专题集邮爱好者不可多得的参考书。
昆虫世界	55.00 元		一幅幅美丽的昆虫邮票不仅向我们展现了昆虫的神奇和魅力,还诉说了邮票的韵味和发展历程。在邮品中与昆虫对话,听一听尚未知晓的故事,聊一聊昆虫和人类的情节,会使人感到其乐无穷。
中国民俗	50.00 元		中国民俗具有多元化、传承性和群众性。每个人都与民俗有关,每个人生活在民俗中。本书以人文邮票题材为专题,从物质民俗、节庆民俗、礼仪民俗、精神民俗、民间民俗等方面,通过精美的方寸天地展示中国民俗的多彩风貌。
中国科技	50.00 元		著名英国科学家李约瑟博士认为,中国"在 3 世纪到 13 世纪之间保持一个西方所望尘莫及的科学知识水平",现代西方世界所应用的许多发明都来自中国,中国是一个发明的国度。你想了解这些吗?就请打开本书吧!
世界建筑	53.00 元		建筑是人类智慧的结晶,是凝固的艺术。从邮票里的建筑,读者可以窥视人类文明的起源和进程,欣赏世界各地建筑的美与形。
花卉奇观	50.00 元		花卉从来都是人的最爱,咏花抒怀,赠花寄情。本书汇集了世界各国精美的花卉邮票,既让人了解花卉知识,又让人欣赏花卉芳华。
民用航空	43.00 元		飞机翱翔蓝天,携人远行,承载货物,还可探测、救护、播种……书中的邮票为读者娓娓道来民用航空的起源、发展和诸多实用知识。
宠物乐园	50.00 元		宠物是人的精神寄托和好朋友,让人开心,让人爱怜。一枚枚邮票细说了宠物的种类,使可爱的宠物跃然纸上,让人爱不释手。
从独木舟到航空母舰	48.00 元		舟船载人承物,炮舰烟火争锋。从独木舟到航空母舰,小小的邮票都有记录,从中读者可以领略历史的脉络和战争的风云。
从人力车到高速列车	55.00 元		从人力车到高速列车,轮子带给我们的不仅是车速的加快,社会的发展;还有很多美好的往事的回忆。本书通过邮票帮我们找回了那些悄然消失的身影。
迷人的宝石	55.00 元		我们常常惊叹钻石的魅力四射,钦慕翡翠的晶莹剔透,殊不知这些华丽与惊艳却在方寸之地展示得淋漓尽致。本书通过邮票让世间最美的宝石走到一起来。
中国航空史话	55.00 元		中国航空的历史,是一部由灿若星辰的古代航空、艰难坎坷的近代航空和突飞猛进的现代航空组成的壮丽篇章。本书通过航空邮品,以"图说"的方式再现了历史的真实。